子どものためのグアムツアー「地球人学校」［1975年～］

1975年の夏から1978年にわたって4回実施された「地球人学校」。地球の自然を舞台に、子どもの心に冒険心と自立心を養うことを目的とした「偏差値のない遊びの学校」は大きな注目を集めた。

当時の週刊誌に紹介された「地球人学校」の記事。「週刊現代」1975.9.4号のグラビアより（撮影／管洋志）

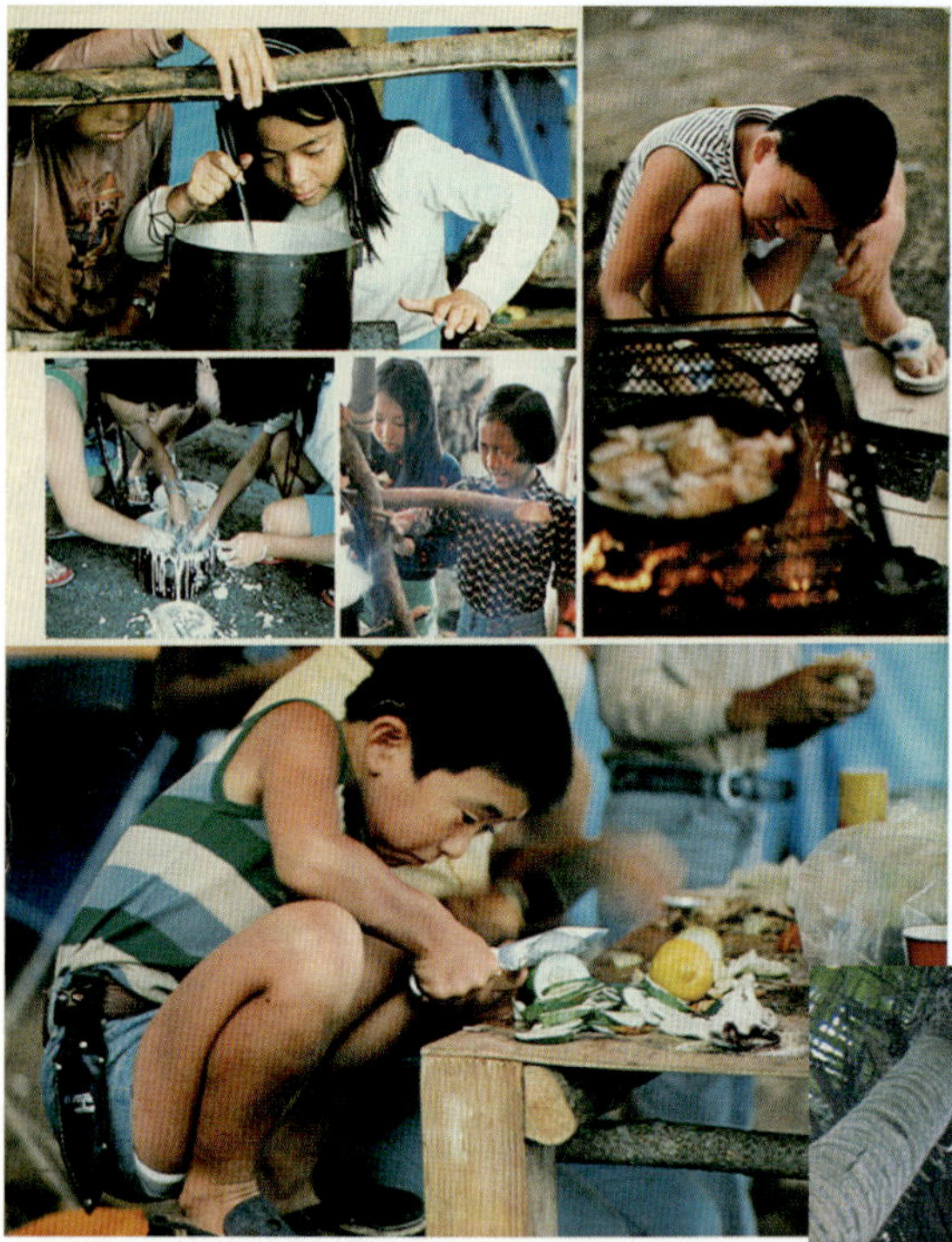

家では電気、ガスで親が料理を作ってくれるが、ここでは自分たちが薪を集め、ご飯を炊く。煙で涙も出たが、自分で作った食事のおいしさは格別。
「週刊現代」1975.9.4号のグラビアより

卒業証書。メッセージを添えて、帰国の日に一人ひとりに手渡された。

大きな木にのぼって、ターザンみたいにブランコして。「週刊現代」1975.9.4号のグラビアより

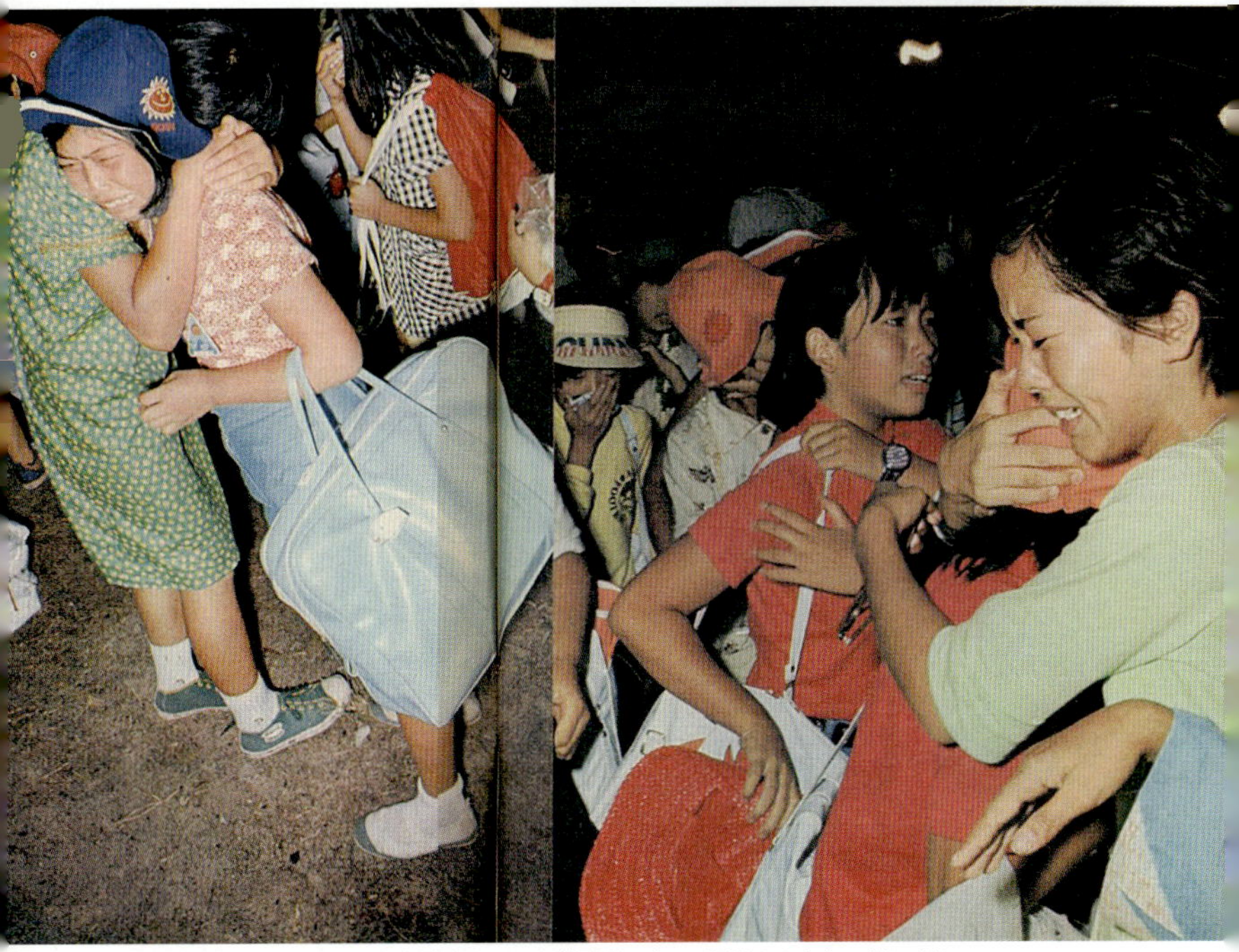

地球に住んでいるのはみな地球人でみな仲間だった。1週間みんなと一緒にがんばったからこそ、別れの日はつらい。「週刊現代」1975.9.4号のグラビアより

大人版「地球人学校」［1993年〜］
ふれあいウォーク

大人版「地球人学校」。ヨーロッパでいちばん美しいと言われるドイツのノインシュバンシュタイン城に向かって歩く「ふれあいウォーク」は、1994年の第1回ツアー・オブ・ザ・イヤーのグランプリ賞に輝いた。「第4回ふれあいウォーク」パンフレットより

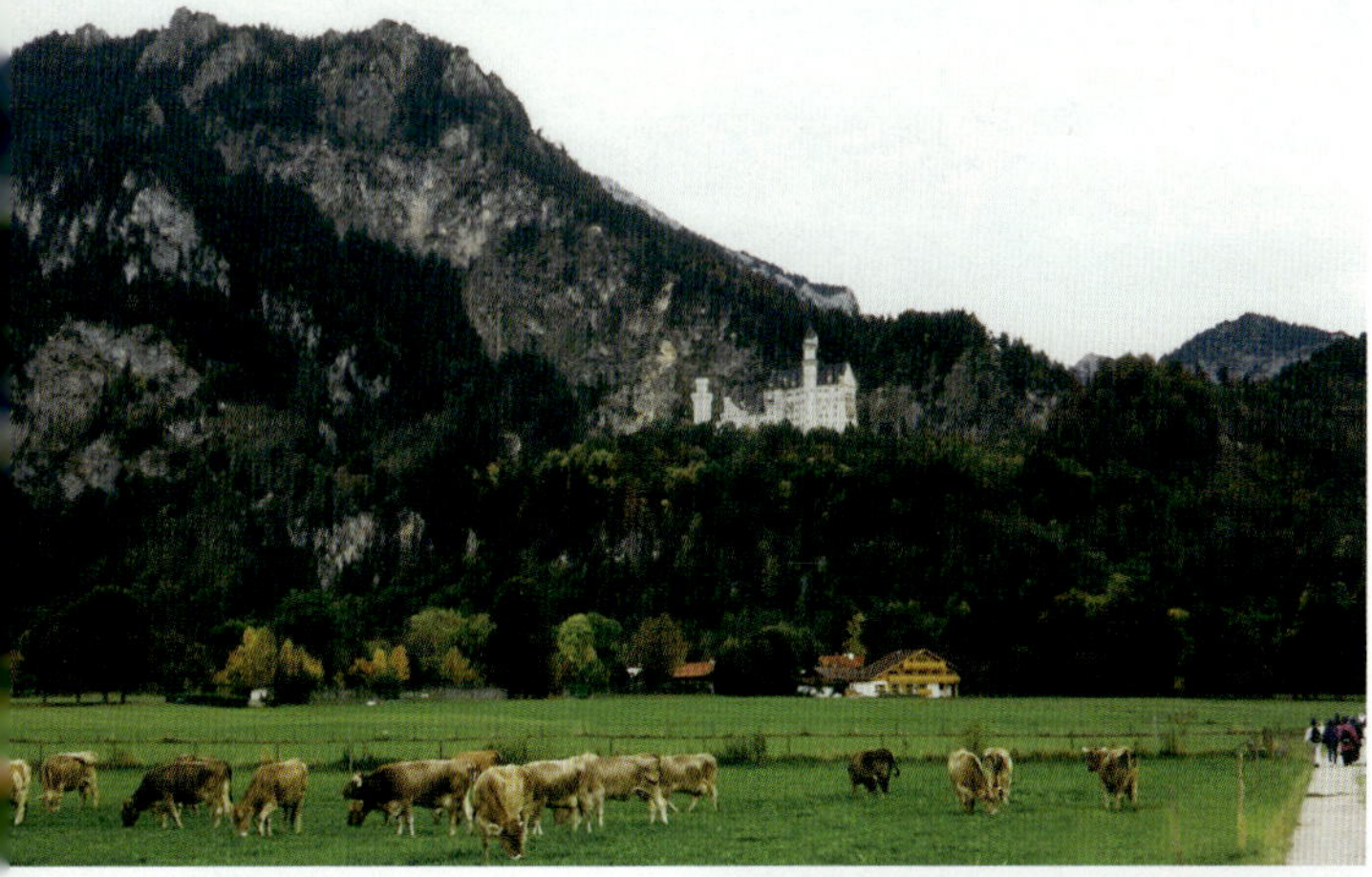

フュッセン市は、南ドイツ、オーストリアの国境にある、人口1万3000人の小さな町。城に向かって、田園風景の中を歩く。

1997年の「ふれあいウォーク」参加者の集合写真。1993年春から毎年春秋に実施され、超人気コースだった。

Füssener Sehenswürdigkeiten in japanischen Schriftzeichen

「ふれあいウォーク」実施により、日本人観光客の数がそれまでの倍の年間3000人になる。フュッセンの町にはツアー参加者による寄付のお金で、日本語の地図板が設置された。左は地元紙に紹介された記事。

ザルツブルグ［1976年］「地球人学園」

1976年に実施された「地球人学園」。ザルツブルグの館、ホンダーホフを貸し切りにし、「住む旅」を提案。庭園内の「あずまや」でのアフタヌーンティ・パーティ、夕方からのミニコンサートが好評を博した。

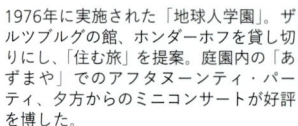

旅の仕組み編 全日空ハローツアー 〔1979年〜〕

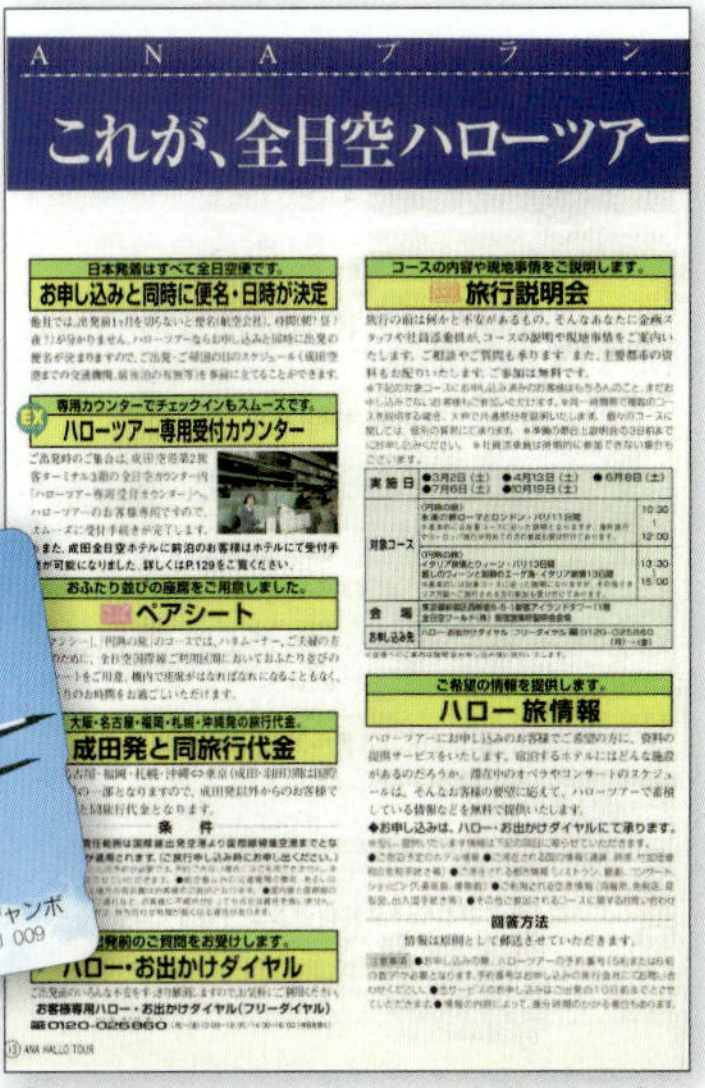

ANA プラン

これが、全日空ハローツアー

日本発着はすべて全日空便です。
お申し込みと同時に便名・日時が決定

専用カウンターでチェックインもスムーズです。
ハローツアー専用受付カウンター

おふたり並びの座席をご用意しました。
ペアシート

大阪・名古屋・福岡・札幌・沖縄発の旅行代金。
成田発と同旅行代金

条件

出発前のご質問をお受けします。
ハロー・お出かけダイヤル

お客様専用ハロー・お出かけダイヤル（フリーダイヤル）

0120-026860

コースの内容や現地事情をご説明します。
旅行説明会

実施日	●3月2日（土） ●4月13日（土） ●6月8日（土） ●7月6日（土） ●10月19日（土）
対象コース	
会場	
お申し込み先	

ご希望の情報を提供します。
ハロー旅情報

◆お申し込みは、ハロー・お出かけダイヤルにて承ります。

回答方法

ANA HALLO TOUR

「人に喜ばれるツアーを」と、お客さんの身になって生まれたハローツアーの仕掛けの数々。当時としては斬新なアイディア満載だった。

全日空ハローツアー ふたりの冒険・ふたりの想い出 〔1996年〕

パッケージツアーでも団体行動ではなく、カップルが旅先で自分たちで行き先を決め、手配も自分たちで行う。自由度の高いツアーを打ち出した。

全日空初の国際線チャーター便就航［1971年］

1971年2月21日、初の全日空国際線チャーター便（羽田発香港行き）が就航。向かって右端が山田。

全日空初の国際線定期便就航［1986年］

上／全日空初の国際線チャーター便。ダビンチマークの全日空ボーイング727機。下／1986年3月3日全日空国際定期初便（成田発グアム行き）就航。グアム空港にファーストタッチダウンしたANAマークトライスター機。

国際空路

競争時代幕開け

全日空、グアムへ一番機

『朝日新聞』1986年3月4日付記事

旅行産業経営塾●編

Travel gives life

塾長・山田學の物語

旅は人に生きる喜びを与えるものです

ポット出版

目次

はじめに

時間を気にしながらJR御茶ノ水駅の改札を抜け、足早にホテルジュラクに向かった。「原さん、ちょっと旅行関係の集まりがあるから来たら」。そうサイクルツアーの宮本保雄社長から誘われた。会の名前も何も聞いてない。一体誰が来るのだろうか。既に、開始時刻を少し過ぎており、案内された部屋には、10人ほどの年配の方々が集まって話をされていた。当時、ネパール・モンゴル・チベット専門の小さな旅行会社「風の旅行社」を自分で経営していたものの、旅行業界の集まりに殆ど出たことがなかった私には、未知の方々ばかりだった。宮本さんに紹介されて末席に座った。

暫くして、真ん中に座っておられる「ヤマダさん」を中心に話が進んでいると分かった。中には「ガクさん」と呼ぶ方もいる。体は小さいが妙に存在感がある人だ。話は、「ヤマダさん」が、全日空ワールドの顧問になったことを機に、奥様と二人で自社のヨーロッパツアー「地球人学校」に、社に内緒で参加した時のことにおよんだ。話の節々で、「旅は人を幸せにするんだ。旅にはそういう力がある。感動がなきゃだめなんだ」、そうしきりに力説される。

私は驚いた。〝こんなことを臆面もなく堂々と言う人がいるのか。何者なんだ、このおっちゃんは？〟以来、私は、この会にほぼ毎回欠かさず出るようになった。

会の名称は36会（さぶろくかい）。発起人は、前出の宮本社長で「中小の旅行会社の経営者は孤独だ、本音で語れる場が必要だし、中小だからこそ大手で活躍してきた山田學《やまだまなぶ》さんの話を聞きたい」という趣旨で始められたそうだ。山田さんは、1956年（昭和31年）に近畿日本ツーリストに入社して以来、数々の斬新な企画を打ち出し、旅行業界に革命をもたらしてきた人物で、当時（1988年・昭和63年頃）は全日空ワールドの副社長を務めていた。その山田さんに「山田さん、大手ばかりじゃダメですよ。中小の話にも耳を傾けてください」と訴えて説得し、最初は「山田塾」をと宮本社長は切望されたが、「そんな大げさなのじゃなくて、ここは霞が関ビルの36階だから36会にしてよ」という山田さんの一言で36会になったそうだ。「ここ」とは、山田さんのいた全日空ワールドの副社長室のこと。中小の旅行会社の経営者が、月に1回、山田さんを囲んであれこれ話をする。テーマがあるわけでもないし、何か決めるわけでもない。寿司に乾き物程度で、缶ビールを飲みながら延々と終電まで話をする。旅行業界の話はもちろんだが、政治の話や時の話題、更には野球の話だって出てくる。四方山話といえばそれまでだ。

しかし、共通していることがある。どんな話でも、山田さんの見方、考え方、そして、こうあるべきだ、という〝決断〟が入るということだ。単なる判断ではない。こう決めてこう実行するんだ、という決断である。だから、野球の話だって勉強になる。選手の心理をよみ、状況を見てこうなると予想し、だからこうすべきなんだ、とスパッと〝決断〟が入る。

私は、いつも末席に座って唯々聴いていていただけだが、次第に、決断することこそが経営者にとって最も大切な仕事だと感じるようになった。いくら知識やノウハウを身につけても、決断する力がなくては、経営はできない。状況を見て、考え、決断をする。幾ら本を読んでも、人に相談しても、答えは書いていない。決断するのは自分しかいない。その決断をするためには、独善でも好悪でもなく人生訓でもない、基本的な〝ものの見方、考え方〟を身につけなくてはならない。即ち、私流の言葉で言えば「自分の哲学を磨け」と、山田さんはおっしゃっているんだと思う。

1999年（平成11年）5月、その山田學さんが塾長となって、旅行産業経営塾（以下、経営塾）が開講した。「志の旗を高く掲げよ！」と業界内を鼓舞し、骨太の経営者を育てることを目標にした。経営のノウハウは教えない。ものの見方、考え方、決め方を学んでもらう。まさに、36会で私がずっと見聞きしてきたことだ。私も、即座に応募して第1期生となった。以来、経営塾は14年間、途中6年間の中断を経ながらも、都合8年に亘《わた》って開講され、300名を超える卒塾生を送り出した。

塾長は、「観光産業は、日本のリーディング産業と言われながら、この旅行産業は社会的な地位を未だに確立できていない」と憂い、時に熱く語っては、塾生の前で悔し涙を見せる。

2011年（平成23年）3月11日の東日本大震災後は、旅行産業が東北支援のためにできることとして「旅ポイント」というしくみを発案し、「これが、塾生たちと考えた東北支援策です」と2012年（平成24年）の1月、当時の溝畑観光庁長官に経営塾で講義をしていただいた折に直訴された。このアイディアは実現はしなかったが、そのときも塾長は自分自身に力がなかったことを悔い、塾生の前でまた涙を流された。我らが塾長は、実に純粋であり、これ以上ないくらい真っ直ぐである。

経営塾では、塾生は、講師の方々から多くを学び、塾生同士のグループ討議を通して自分の見方、考え方を磨いていく。今まで見えなかったことが見えてくる。しかし、そこに、塾長の魂が入ってこないと生きたものにはならない。2010年（平成22年）、6年間休塾していた経営塾が、私たちOBの主導で再開したときも、私たちは「山田塾長でないなら、再開はありません」と説得し、再び塾長を引き受けていただいた。塾長なくして経営塾はない。そう私たちは思っている。

曲がったことが大嫌いで、絶対に取引はしない。喧嘩はするが人の悪口は言わない。無類の負けず嫌いだから、勝つための戦術を真剣に考え徹底してやる。現役時代は、予算は一度も割ったことがない。塾長が過去に実現してきた数々の企画、たとえばグアムの地球人学校、チャータービジネス、ハローツアーなど、どれをとっても斬新である。まさにリスクを取りながら自分の考えで新しい境地を開拓されてこられたのだが、今日でも充分通用するアイディアばかりである。塾長は、実はとんでもないアイディアマンである。みなさんも本書を読まれれば、そのことに驚かれるに違いない。

当然ながら、現役時代は随分厳しい上司だったらしい。今回、嘗《かつ》ての部下の方々へのインタビューに同席させていただいたが、当時の塾長の厳しさは大変なもので、「よく直立不動で怒られたが、山田さんという人間に惚れこんじゃったから、納得してついて行きましたよ」と、どなたも嬉しそうに答えていらした。実際、塾長には、人を引き付ける魅力がある。「仕事は、真剣にやるから面白いんだ」という迫力がある。だから、優秀で個性的な部下たちが次々と集まってきたのだと思う。

かといって、聖人君子かと言えば、そうではない。格好がいいからという〝不純〟な理由で外交官を目指したり、30歳を過ぎても遊びほうけては親に仕送りをさせるような〝放蕩息子〟で、喧嘩をしては上司を困らせ、周囲の忠告など全く聞かないやんちゃな人であった。喜寿を過ぎた現在でも、羽目を外しては大いに呑むし、時にはやっぱりやんちゃである。ではあるが、それが塾長である。

1958年（昭和33年）、近畿日本ツーリストに入社して3年目のとき、塾長は、エールフランス航空の機内でたまたま読んだ雑誌のなかで、ゲーテの「Travel gives life.」という言葉を見つけ、これを「旅は人に生きる喜びを与えるものです」と自分なりに意訳され、生きる指針とされた。入社してまもなく、お客様に「お前たち旅行業は、街角に立って客を探しているポン引きと一緒だな。高級ポン引きだ」と揶揄され、「くそったれ、なにくそ。今に見ていろよ」と思い続けていたことが、この言葉に出合わせたに違いない。旅行産業の社会的な価値を実に明解に表した言葉であり、私たち塾生の大好きな言葉でもある。

今回、この本を、旅行産業経営塾ＯＢ会で出版できることを大変嬉しく思う。本来なら、山田學という人物を、もっとよくご存知の諸先輩の方々にお願いすべきだったかもしれない。その点は何卒、ご容赦願いたい。

当初、塾長は「俺は、そんなたいそうな人間じゃあねえよ」となかなか出版を承諾されなかったが、「旅行産業のために、塾長の軌跡、塾長の見方、考え方、決め方を本にして残すべきです」と塾生みんなで説得した。実際、そういう思いでこの本の制作に取り組んだ。旅行産業に携わっている方々に、是非、この本をお読み頂き、勇気と誇りを持っていただきたい。そう願ってやまない。

出版に当たっては、私が、以前からお付き合いしているポット出版にお願いし、高橋久未子さんという素敵なライターを紹介してもらった。同社の編集者、那須ゆかりさんを交えて本のイメージをお話しした折に、私の方から、「塾長を礼賛するような人物伝を作ろうというんじゃないんです。塾長の軌跡をしっかり伝えながら、人柄、雰囲気、熱い魂が読み手の心に、すうっと入ってくるような、そんな本にしたいんです」と、お話ししたら、「ご本人が話をする形式がいいでしょう」というご提案を頂き、このような形式になった。

高橋さんは、沖縄在住だが、仕事の関係で時々上京されるので、それに併せて、1回3時間を超える塾長インタビューを計5回行い、経営塾の合宿やBBQ大会、授業などにも出ていただいた。時には、仕事の枠を超えて多くの時間を費やしてくださった。お二人には、心から感謝申し上げげたい。

そして、インタビューにお答えいただいた、近畿日本ツーリスト、全日空ワールド時代の部下の方々、36会他、多くの皆様にご協力頂きました。紙面をお借りして厚く御礼申し上げます。

２０１３年２月16日

旅行産業経営塾ＯＢ会　会長　原　優二

第1章
就職先は「趣味を活かす部門」?!

山田、近畿日本ツーリストに入社する。

たまたまの偶然で旅行会社に入社することに。

僕の出身地は、滋賀県東浅井郡浅井町（現在の長浜市）です。生まれたのは、1934年（昭和9年）、場所は隣の虎姫町で、2011年（平成23年）に大河ドラマ「江」の舞台になったところ。虎姫生まれだけあって、もちろん生粋の阪神タイガースファンです。1985年（昭和60年）に阪神が日本シリーズで優勝したときには、JR虎姫駅の駅長に電話を掛けて「虎姫駅はタイガークイーン、タイガースファンの女性にとっては聖地ともいえる場所や。記念の入場券を作って売ったらどうや」とアドバイスしました。実際、駅長が金沢鉄道局長に申請してみたら許可が下りて、大阪の阪神百貨店で400枚売れたそうですよ。あの頃は地元に帰るたび、虎姫駅長から「ありがとうございました」って敬礼されました（笑）。今は無人駅みたいに静かですけど。

22歳で旅行業界に飛び込んで以来、「旅で人を喜ばせること」を自らの使命と定め、40年以

山田學の実家は、祖父の代まで酒屋を営んでいた。
小堀遠州の小室城跡にあり、中央に酒蔵が見える。

出身校の虎姫高校。今年で創立93年を迎える。
校章は浅井長政の家紋、三つ盛亀甲を模している。

上にわたり業界の第一線で活躍してきた男、山田學《まなぶ》。斬新なアイディアと思いきった戦略で日本の海外旅行市場に新風を吹き込み、旅行会社を退任後も「旅行産業経営塾」の塾長として後進の指導にあたるなど、70代後半のいまも現役まっしぐらの熱血壮年である。そんな〝學《がく》さん〟だが、実は子ども時代はもちろんのこと、大学卒業直前まで、「旅」とはなんの縁もない生活を送っていたという。自分が将来、日本の旅行業界を背負って立つ立場になるなど夢にも思わず、漠然と外交官に憧れる青年だった。

僕の父親は歯医者で、虎姫駅前で歯科医院を開業していました。母は専業主婦でしたけど、母の実家は江戸時代から代々医者という家系。だから親父は、僕が高校生の頃から「医者になれ、医学部を受けろ」と言っていました。親父にしてみれば「うちの息子は勉強ができる」と思っていたんでしょう。でも、僕は医者になる気はさらさらなかった。一度、母方の従兄で医学部の教授をやっていた人が、親父に頼まれたんでしょうね、僕を学会に連れていったことがあったんですが、そこでいきなり手術の映像を見せられたんですわ。ピュッとメスを入れた瞬間にバーッと血が出て、その瞬間に「うわ、これはかなわんわ、医者は絶対嫌や」と思った（笑）。それで「俺は医者にはならん」って宣言したんですが、親父は「じゃあ歯医者になれ」という。親父の実家はもともとは代々「山田与平治」という名を世襲している造り酒屋で、親父は10代目だったんですが、爺さんには「学校の先生になれ」と言われていたらしいんですね。でも親父は親父で学校の先生になるのは嫌で、勝手に大阪の旧制歯科医学専門学校（現在の大阪歯科大学）を受けて、歯医者になった。だから僕にも「医者が嫌なら歯医者になれ」と言ってきたわけです。

でも、歯医者の息子の僕が歯大に入ったら、周囲には親父のコネだと思われるでしょ。それは嫌だなと。それよりは外交官になりたいと思いました。別に「海外に行けるから」とかそんな理由ではなくて、なんとなく外交官ってかっこいいなと思ってたんですよ。戦後は経済人が外交官になるケースが多かったから、単細胞の僕は「経済人になれれば外交官になれる。経済人になるには、慶應義塾大学の経済学部に入るのが一番の近道だ」と思い込んだんです。あと、当時の浪華商業（現在の大阪体育大学浪商高等学校）に平古場《ひらこば》昭二っていう甲子園の優勝投手がいて、彼も慶應に進学してたんですね。慶應に行けば平古場はいるし、外交官にもなれるし、「俺の進路はこれしかない！」と思いました。

それで親父に「わかった。一応、医学部も受験するけど、慶應に受かったら俺はそっちに行くから」と宣言したんです。親父にしてみれば息子は勉強ができるから、当然医学部も受かるもんだと思ってるわけ。でも、国立大の医学部と慶應の経済学部では、受験科目がぜんぜん違いますから。慶應受験のための勉強しかしていない人間が、医学部に受かるわけがない。案の定、当時の一期校の大阪大医学部はあっさり不合格。一応、二期校の千葉大医学部にも願書は出したんだけど、そっちの受験前に慶應の発表があって合格したので、親父には「約束通り、慶應に受かったから千葉大は受けない」と、そのまま慶應に入学しました。要するにわがままなんです、僕は。

そんなわけで、大学には外交官になるために入ったはずだったんですが、実際は勉強なんかぜんぜんせずに、いつも麻雀ばっかりやっていました。当時はまだ戦争が終わって10年も経ってない時期ですから、今みたいにクラブ活動が盛んなわけでもないしね。スポーツといえば、冬にときどきスケートに行くくらい。そもそも学食ひとつとっても、お米は配給だから、食券を持っていなければご飯が食べられない時代でした。僕は東京都大田区の久が原《くはら》というところに下宿してたんだけど、下宿の条件も「毎月、実家から米と金を送ること」でしたから。田舎から米が送られてくる学生というのは、大家さんにすごく喜ばれたんですよ。反対をしながらも親父からの仕送りが途絶えることはありませんでした。

そして麻雀といえば、僕、子どもの頃からものすごく得意だったんです。実はうちの親父が無類の麻雀好きでね、患者がいないときは近所の人と麻雀ばっかりしていたの。で、患者が来ると「おう學、ちょっと代わりに打っとけ」って代打ちさせられる(笑)。そんな環境のせいで、僕も大学に入る頃にはすっかり麻雀が得意になっていたんです。まあ、それだけが理由ってわけでもないけど、僕の大学生活は麻雀とスケートしかやらずに終わった気がします。

そんな山田青年も大学4年生になり、就職活動の時期を迎えることになる。といっても、昭和30年代に入ったばかりの当時はたいへんな就職難で、大卒の男子学生でもコネがなければ希望の会社に入るのは難しい時代だった。就職試験を受けるにしても、同時に受験できるのは大学が推薦してくれた3社まで。1社落ちればまた別の1社に推薦してもらえるが、どこかに受かった時点で就職活動は終了、学生には「受かった会社に入社する」以外の選択肢は与えられないという、なかなかに厳しい仕組みであった。山田青年は大学の推薦を得て、まず最初に飲料メーカーを受験したのだが……。

ここは筆記試験を受けに行った時点で、コネがないとダメだというのがはっきりわかりました。まあ、僕の素養にも問題があったのかもしれないけど、僕が一生懸命答案を書いている後ろで、「おいお前、名前を書くのだけは忘れるなよ」って言われている奴がいるんだもの。そいつは運動選手だったんだよね。こりゃあダメだと思ったけど、やっぱり見事に落ちました。

で、次にたまたま推薦されたのが近畿日本ツーリスト（以下、近畿）だったんです。近畿は近畿日本鉄道（以下、近鉄）の系列会社だから、運輸系ですよね。実は、唯一うちの田舎から出た政治家に、運輸大臣を務めた村上義一《ぎいち》さんという人がいて、村上さんは以前、近鉄の社長だったんですよ。それを知っていた親父が「近畿を受けるなら、村上先生に頼んでみるか」って、先生に話をしてくれた。そうしたら近畿側は一発で「わかりました」ってなもんで、あっさりと受かりました。

僕自身はそのとき、IBMと横浜ゴムも受けていて、特にIBMは四次面接まで進んでたんだけど、近畿から一番初めに内定が来てしまったから、他の2社は辞退して近畿に入社することになりました。だから、僕はもともと旅行がやりたくて近畿に入ったわけじゃないんですよ。最初は自分が旅行会社に入社するなんて、夢にも思っていませんでした。だいたい学生時代は麻雀しかやってなくて、旅行なんてろくに行ったこともなかったんだし。

それはともかく、就職が決まった学生は慶應の学内新聞「三田新聞」に就職先が載るんです。内定後、僕も載ってるはずだと新聞を見たんですが、どこをどう探しても自分の名前がない。そもそも当時は「旅行業」という業界自体が存在していませんでした。日本で「旅行業」が確立したのは1970年（昭和45年）の大阪万博以降。僕が就職したのは1956年（昭和31年）だから、三田新聞でも「銀行」とか「紡績」みたいに業界名から探すことができませんでした。それでもどこかに絶対名前があるはずだと思って細かく見ていったら、やっと見つけたのが、なんと「趣味を活かす部門」だったんです（笑）。趣味ですよ、趣味。「俺は学生時代、旅行を趣味にしてたわけでもないんやけどなあ」と思いながら、でも今更やむにやまれず、そのまま近畿に入社することになりました。

山田が近畿の採用試験を受けたのは、のちに近畿の副社長となる馬場勇《いさむ》が終戦後に創業した日本ツーリストと、近鉄が作った近畿日本航空観光が合併して、新たな旅行会社「近畿日本ツーリスト」が誕生した直後のことだった。両社の合併が行われたのは、1955年（昭和30年）9月のこと。その後、合併後の第1期生を採用するため各大学に求人募集が出され、山田を含め計10人の大卒学生が採用された。こうして山田は、当初こそ不本意ながらも「旅行業」の世界に足を踏み入れたのである。

第2章

Travel Gives Life.

山田、旅の魅力に目覚める。

ナンバーツーで始まった仕事人生。

僕はこれまでの人生で、一度もナンバーワンになったことがないんです。会社でもずっとナンバーツー。それは新入社員として近畿に入社したときから、65歳で全日空ワールドを退任するまで、ずっとそうです。

近畿に入社して、最初に配属されたのは名古屋航空船舶営業所でした。当時は「旅行会社」といっても、人間より貨物の取扱いが中心でね。特に名古屋の場合、陶器メーカーがたくさんあったので、陶器の商品サンプルをアメリカやヨーロッパに送る仕事が多かったんです。僕が入社したときも、名古屋営業所には所長と経理のおばちゃんのほかに10人くらい社員がいたんですが、そのうち8人は貨物担当で、旅客担当は僕ともう一人の上司だけ。僕はその上司の下について旅客の仕事を始めました。だから、僕はスタートからしてナンバーツーなんです（笑）。

山田が近畿に入社した１９５６年（昭和31年）は、まだ海外への観光目的の旅行は自由化されておらず、外国に渡航できるのは輸出入業者や研究者など、業務や勉学を目的としたごく少数の人々に限られていた。そのため、旅行会社の旅客業務は国内旅行の手配が中心。山田が最初に担当したのも、「日ペリ」こと日本ヘリコプター（現在の全日空）の航空チケッ

近畿日本ツーリスト創立10周年（1965年）の時に東京・秋葉原に建築された本社ビル。

名古屋東京間を運行していた日ペリ航空のDC-3型機。

ト販売業務だった。主な販売路線は名古屋と東京を結ぶルート。プロペラ旅客機「DC―3」の片道運賃が3900円だった時代のことである。

最初に航空チケットを販売したときのことは、今でもよく覚えています。営業所にかかってきた電話をとったら、相手が偉そうな口調で「○○の藤井だ」って言うんですよ。「○月○日の東京行き1枚、頼むぞ」って。僕は入社したてだから、もちろん初めて聞く名前でしたけど、とにかく「はい、わかりました」って答えました。

でも、その後がまずかった。つい「切符はいつ取りに来ていただけますか？」って聞いちゃったんです。そうしたら向こうがムッとした口調で「おう？　お前誰だ、新しく入った奴か」と。「はい、山田です」と答えたら、思いっきり怒鳴られました。「お前んとこの会社は、いつから客に切符取りに来いって言うようになったんだ！」って。

とにかく「わかりました」ってその電話を切って、上司に「かくかくしかじかで、怒られました」って報告したら、当然だって顔をされてね。「お前、切符はお客のところへ持っていくもんだ。取りに来いって言ったら怒るに決まってるじゃないか」と。

でもね、当時、名古屋市内を走ってる市電の料金は片道10円ですよ。先方にチケットを届けたら、往復で20円かかる。そもそも3900円の航空券でコミッション（発券手数料）は5パーセントだから、儲けは195円しかない。それなのに、その中から20円を使って、しかも時間を潰してチケットを届けるわけです。これはいったいどういう商売なんだろう、と思いました。

でもまあ仕方ないから、とにかく先方に届けに行ってね。チケットを渡して、一応「先ほどはすみませんでした」って謝ったら、せせら笑うように言われました。

「お前ら旅行会社は、街角に立って客を探してる、ポン引きと一緒だな。高級ポン引きだ」

それを聞いて、僕は本当に情けなくなりました。「大学まで出た俺が、わざわざ市電に乗って切符届けて、高級ポン引きかあ」と。でも、その一方で「今に見とれ」って気持ちがむくむくと湧いてきたんです。いつか絶対、そんなこと言われないような仕事をしてやる、とね。


まあ、ともかくそれが僕の名古屋営業所での一番最初の仕事でした。言ってみれば、僕の仕事人生は「高級ポン引き」で始まったわけです。とはいえ、この程度で大人しくなるような僕じゃありません。もともと曲がったことが大嫌い、そのうえ負けず嫌いですから、以降も社内外問わず言いたいことを言い、やりたいようにやっては、上司の頭を抱えさせていました。そうそう、「ポン引き」事件の1週間後には、親会社の近鉄の社員を相手に、前代未聞の大ゲンカもやらかしましたよ。

当時、近畿の名古屋営業所は近鉄の名古屋支社の建物の中にあったんですが、その一番奥に、近畿が輸出する貨物の荷さばきや保管に使う貨物上屋《うわや》が置かれていたんです。そこには僕らもしょっちゅう出入りしていたので、近鉄の人たちともよく顔を合わせたんですが、彼らは我々のことを「ノースの奴ら」と呼んでいました。当時、旅行会社は航空会社別に代理店契約を結んでいて、近畿はアメリカのノースウエスト（以下、NW）と契約していましたから。「ノースの奴らはいつもバタバタうるさいな」なんて言われていた。

それでその日、土曜の午後に出勤して貨物上屋で仕事をしていたら、近鉄の電話がリンリン鳴ってるんです。当時はまだ新幹線が走っていなかったから、大阪行きの指定券は近鉄の二階建て電車が一番人気で売れていて、その問い合わせの電話がかかってきていたんですね。本来の問い合わせ番号は別にあるんだけど、それがわからない人が名古屋支社にかけてきてたわけ。

僕は最初、近鉄の宿直社員が応対するだろうと思って様子を見ていたんだけど、どうもぜんぜん出る気配がない。仕方ないから僕が電話を取って、「すみません、特急券は番号が違いますんで」って別番号を案内してあげた。でもそれが何回も続いたもんで、ついつい「近鉄の奴らは何しとるんや、電話鳴っとるのに誰も出ぇへんやないか」って、大声で独り言を言っちゃったんです。そうしたらそれを聞いてたんですね、宿直の奴が。いきなり扉がバーンと開いて、近鉄の社員が出てきて「今〝近鉄の奴〟って言ったのは誰だ！」と。僕が堂々と「俺や」と答えたら、「やっぱりお前か。親会社の人間に対して〝近鉄の奴〟とは何事か！」と詰め寄られました。

それというのも、僕はそのころ頭を慎ちゃん刈り（石原慎太郎が流行らせたスポーツ刈りの一種）にして、Yシャツも白ではなくカラーシャツを着てたもんで、近鉄の社内でも目立ってて、反感を持たれていたみたいなんです。近鉄にはそんな格好の人、誰もいなかったから。それで、そんな男に「近鉄の奴は」と言われて、頭にきたと。でも、僕は悪いことを言ったとはぜんぜん思ってないから、「〝近鉄の奴〟で何が悪い」と言い返して、もう大ゲンカですよ。騒ぎを聞きつけた近畿の営業所長が飛び出してきて、「山田くん、謝りたまえ」って言われたけど、僕は「謝る必要なんかない、元はといえば電話に出ないコイツが悪いんじゃないか。俺は絶対謝らん」と言い張った。結局、最後は所長が近鉄の社員に「すいません、すいません」って謝ってその場を収めたけど、僕は最後まで謝らなかったです。「そんなんほっといたらええ」と思ってた。自分が間違ってないのに謝るなんて、そんな筋違いなこと、絶対にできなかったです。この性格は、今でも変わりませんね。

会社での僕は一事が万事、この調子でした。やるべきことはきっちりやるけど、必然性がないルールには従わない。たとえば出社時間にしても、朝9時なんて守ったことなかったです。特に決まった予定がない限り、出社はだいたい昼過ぎ。所長には「山田くん、朝はちゃんと来ないと」って言われたけど、こっちは徹マン（徹夜で麻雀）して眠いんだから、行けるわけがない（笑）。僕がそう言うと「新人がそんなんじゃ困る、会社の秩序が乱れる」と怒られた。けど、僕は逆に「所長、私は新入社員ですよ。新入社員が1人来ないだけで秩序が保てないなんて、そんな会社はおかしいんちゃいますか」って言い返してた。所長には「君は何を言ってるんだ」って呆れられたけど、別に何にも怖いものはなかったからね。

ただ、僕は仕事で用事があるときは、どんなに朝早くても、いっぺんも遅れたことはなかったです。たとえば当時、僕らの仕事の一つに「海外に行く人の見送り」というのがあってね。普通の人にとって、海外渡航はめったにない機会でたいへんな栄誉だから、名古屋駅から特急に乗って羽田空港に向かう人を、駅のホームで「ばんざーい」して見送るわけです。この業務が入っているときは、たとえ朝6時の電車であろうと、絶対に遅れなかった。それは僕の仕事ですからね、ちゃんと行きます。それに何より、自分に割り当てられた予算もちゃんと達成してたから、それでなんの文句があるんですか！ってなもんですよ。所長にしてみれば、つくづく「山田は扱いにくいなあ」と思ってたことでしょうね。親会社とケンカはするわ、朝は出てこないわ。

そのうえ僕は所長だけでなく、本社の人事課長にも煙たがられてました。そもそも人事課長とこじれた最初のきっかけは、初任給の額が入社時の約束と違ってたことです。当時、大卒の男子学生の初任給はだいたい1万円前後が普通で、一番良かった銀行で1万2000円くらい。でも近畿はぐっと安くて7000円でした。いまの感覚でいえば14万円くらいでしょうか。僕は学生時代、親父から月に1万5000円の仕送りをもらっていたから、就職したら学生時代よりも貧乏になっちゃった。それでも、僕はお袋に「最初の給料をもろたら、手を付けずに給料袋ごと送るから」って約束してました。お袋は僕が慶應を受けるのも最初から賛成してくれて、「學、医者は夜中でも患者から呼び出されて大変やし、家族も大変や。医者はやめとけ、慶應が一番や」って言ってくれてたんです。いわば僕の最大の理解者であり、支えといえる人だった。だから、初任給は全部お袋にあげようと決めていました。

ところが、最初の月給日に給料をもらって袋を開けてみたら、約束の半分の3500円しか入っていなかったんです。びっくりして所長に聞いたら、「うちは出勤簿の締日が毎月14日だから。君は4月は月の半分しか出社してないから給料も半分」と言われました。なんやそれは、と思って、すぐ大阪営業所に配属された同期に電話して「お前、初任給ナンボもろた」って聞いたら、「そりゃあ7000円に決まってるだろ」と。「なんや、俺だけ3500円なんて、そんなバカな話があるか」って、すぐに本社の人事課長に電話して怒鳴りつけました。「どないなっとるんや、この会社は！　なんで大阪の同期が7000円で、俺が3500円やねん！」。人事課長は慌てて「ああ、わかったわかった、こっちの間違いだ。足りなかった分は来月ちゃんと払うから」って言ったけど、僕は「来月なんて絶対許さん、俺はお袋に給料袋ごと送るって約束してるんや。3500円じゃ送れるわけないやろ、今すぐやり直せ」って食ってかかってね。ぺーぺーの新入社員が、今度は人事課長相手に大ゲンカですよ。人事課長も、まさか新入社員にケンカ売られるとは思ってなかったでしょうね。でも、そもそも給料の計算を間違ったのは向こうだから、頭ごなしに叱りつけるわけにもいかなかったのか、「とにかく来月ちゃんとするから」ってなだめられて。結局、どうやってもすぐに全額もらうのは無理らしいとわかって、僕もしぶしぶ諦めました。

でも、やっぱり3500円の給料袋ではお袋に送るわけにはいかない。もうしゃあないわ、と思って、近所のトリスバー（昭和30年代に流行っていた庶民的なバー）に行って、カウンターに給料袋の中身を全額ぶちまけて「おばちゃん、これみんな飲ましてや」と（笑）。おばちゃんが驚いて「どうしたの」って聞くから、「どないしたもくそもないわ、近畿っておかしな会社や。初任給が約束の半分しか入ってなかったんや。こんな給料袋じゃ田舎のお袋には送れんから、一発で飲んでまうわ」って、本当に一晩でパーッと使ってしまいました。お袋にはあとで電話して「すまん、初任給はついつい友達と一緒に飲んでもうた」って謝ってね。お袋も「しゃあないなあ、あんたは」って笑ってました。お袋は結局その3年後、53歳の若さで亡くなったんですが、その後も僕の守護神として、天国から僕を見守り続けてくれていると信じています。

余談ですけど、僕は初任給でそんな経験があったものだから、自分が上司になったときは、新入社員の初給料日には必ずそいつを呼んで、「お前、今日もらった給料袋は家に帰るまで絶対開けるな。家に帰ったら、袋のまま両親に渡して『ありがとう』と言え。その代わり、土産のケーキは俺が用意したるから」って、ケーキを持って帰らせてました。僕自身が初任給で悔しい思いをしたから、部下には親への感謝の気持ちをきちんと伝えさせたいと思ったんです。

まあそんなわけで、人事課長とは初任給のときから因縁があったんですが、それ以降も何かにつけては食ってかかっていたから、向こうも「あいつはいつも文句を言ってくる」と苦々しく思っていたんじゃないかな。それに加えてもう一つ、人事課長が僕を煙たがる理由があってね。それは「国内線の無料航空券」。当時、国内線のチケットを一定数以上売り上げた旅行会社は、航空会社から報奨として無料航空券がもらえたんです。営業所ではその無料航空券を所長がすべて握っていて、裏で人事課長にも渡してあげたりしていたのね。僕は自分でチケットを売ってるから、無料航空券を何枚もらえたか、全部知ってるわけですよ。人事課長にしてみれば、僕が獲得した無料航空券をこっそり融通してもらってるというのは、どうにも後ろめたかったんでしょうね。それもあって、僕とはあまり関わらないようにしてたみたいです。

そうそう、初任給を全額飲んでしまって、翌日から生活には困らなかったかって？　実はそれがそうでもなくて、その後も毎晩のように飲み歩いてました。同じ慶應出身の奴がいっしょのアパートに住んでたので、二人で5000円ずつ持ってね、まずは普通のバー、次に女性のいるクラブ、その後はクラブの女性を連れて別のナイトクラブへ、と、夜中まで遊び回るんです。移動するときは近鉄グループの近畿タクシーを使えば、名刺で乗れるから料金は要らないし。じゃあ軍資金の5000円はどこから出たかというと、会社の経理のおばちゃんに「金貸せや、5000円」って借りてました(笑)。おばちゃんも「もう、しょうがないわねぇ」って貸してくれるんです。それでおばちゃんには「貸した金が合計20万になったら言うてな」って頼んでおく。20万に近づくと「山田さん、そろそろ20万になるわよ」って言われるから、そしたら親父に「すぐ20万送ってくれ。でないと会社をクビになる」って電話する。親父から金が届いたら、おばちゃんに渡して「ほら、返すぞ」って清算してました。おばちゃんには「あんた、なんで金を借りた立場なのに威張ってんの。頭くらい下げなさいよ」って叱られましたけどね。

まあそんな感じで、実は僕、就職してからもしょっちゅう親父に送金してもらってたんです。近畿で航空旅客営業部の部長になったのが35歳のときだけど、その頃になってようやく、親父から金を送ってもらわなくても済むようになりました。今考えれば、社会人になっても平気で送金を頼んでた僕も僕だけど、親父もよくやってくれましたよねえ。

そんな「問題社員」が名古屋営業所に勤め始めて2年と少し経ったとき、ふいに転勤の話が持ち上がる。その頃、近畿の福岡航空船舶営業所でＩＡＴＡ（International Air Transport Association：国際航空運送協会）の代理店の認可が下り、国際線のチケットを自社発券できるようになったため、旅客担当の人間が必要になったのだ。福岡への転勤を打診された山田は「今度は手当がちゃんとつくことを人事課長に確認してから」、１９５８年（昭和33年）7月、三級所長代理として福岡の営業所に着任した。そしてこのときから、山田が以降の人生を賭ける「海外への旅」に携わる仕事が始まったのである。

福岡航空船舶営業所での僕の肩書きは「三級所長代理」でした。立場としては所長の下ですから、つまりここでもナンバーツーでのスタートだったわけですね。海外担当の部署は女性が３人、男は僕１人で、所長は大阪航空営業所の所長が兼務していました。

僕が福岡に転勤になったのは「ＩＡＴＡの認可が下りて、国際線旅客の手配ができる人間が必要になったから」という理由だったけど、実際にはその頃海外に行ける人といえば、外国で学ぶ大学の先生とか、商品を輸出するメーカーの社員とか、もうある程度決まっているわけですよ。日本人の海外渡航が自由化されて、いわゆる「観光旅行」が誕生したのは、1964年（昭和39年）4月以降の話ですから。それまでは、パスポートも仕事とか留学とか、観光以外の明確な目的があって出国する人にしか発行されなかった。しかも、そういう人たちのマーケットは、JTB（当時の日本交通公社、以下JTB）と阪急交通社（当時の阪急電鉄社、以下阪急）がすでに押さえちゃってる。こりゃしゃあないなあ、と思いながら、福岡に赴任した最初の頃は、国内線の切符ばかり売っていました。

でも、それではいつまで経っても売上は伸びないし、予算も達成できません。僕は新入社員で会社に入ってから、自分に与えられた予算を割ったことは一度もなかった。会社で僕がどんなに生意気なことを言っても許されてきたのは、僕が常に予算を達成できていたからです。社内で自分の意見を通したかったら、予算を達成するしかない。そのために必要なのは「絶対に達成する」という気持ち、そして具体的にどうすれば予算が達成できるか、必死に考えて戦術を立てることです。ポイントは「人がやってないところをやる」こと。誰かの真似をしていても、マーケットは広がりませんからね。このときも僕は「JTBや阪急がまだ目を付けていないお客さんがどこかにいるはずだから、それを取りに行けばいい」と考えました。

そこではたと思い当たったのが「戦争花嫁」です。当時はアメリカから日本にたくさんの兵士が来ていたんですが、彼らの中には日本人女性と付き合ったり、結婚したりした人がけっこういたんですね。彼らは任期が終わって本国に帰ると、日本で付き合っていたガールフレンドや奥さんをアメリカに呼び寄せる。そうなると彼女たちは、海外に渡航する必要が出てくるでしょう。よし、彼女たちをお客さんにしよう、そのためにはどうすればいいかと、僕はまた必死で考えました。

まず、彼女たちが渡航にあたって最初にすることといえば、パスポートの申請ですね。だったら、役所の旅券課に行って待ちかまえていれば捕まえることができる。市役所の旅券課にはちょうど僕の麻雀仲間もいるから、彼のところに入り浸ることにしました。そして、そういう女性が窓口にやってきたら、彼にさりげなく僕を紹介してもらうんです。「こういう手続きは旅行会社ってところに頼むと、全部やってくれるんですよ。あ、ちょうどここにも旅行会社の人がいました」ってね（笑）。そうすると女性は「そうですか、ぜひお願いします」ってなるでしょ。そこで僕は「じゃあここでお話しするのもアレなんで、ちょっと喫茶店でも」と女性を連れ出して、喫茶店で手続きの仕方を説明するわけです。女性は「わかりました、ご丁寧にありがとうございます」と喜んでくれて、あとで必ずお菓子とか煙草とかを届けてくれました。

で、しばらくそんなことを続けていたら、3か月くらいで日本航空福岡支店の国際線売上ナンバーワンになっちゃったんです。調子に乗った僕は、次はMATS（Military Air Transport Service）を取りに行こうと考えました。

ＭＡＴＳというのは軍航空輸送部、ここでいえば日本からアメリカに帰国する兵士を輸送する飛行機のことです。その飛行機は立川や調布の飛行場から出発していて、アメリカまでの切符は軍が用意するんだけど、日本の飛行場に行くための国内線の切符と、アメリカの空港に着いてから自宅の最寄り空港までの切符は、兵士がそれぞれ自分で手配しなければならなかった。じゃあ、その国内線の切符を近畿で手配すればええやん、と。それで「You can fly only 39 dollars 50 cents（たったの39ドル50セントで航空券が買えます）」と書いた大きな紙を米軍基地内のＢＸ（売店）のカウンターに貼っておいたんです。そうすると兵士たちが「本当か、それなら頼みたい」と言ってきて、切符がばんばん売れました。このときは、最後に必ず「What time should I be at the airport?（出発何分前に空港に行けばいいんだ）」と聞かれたので、いつも「20 minuts before.（20分前）」と答えていました。このやりとりは、今でも忘れませんねえ。

この福岡営業所勤務の時代、山田はのちに近畿社内で彼の大きな後ろ盾となる人物と出会っている。近畿の前身である日本ツーリストの創業社長であり、当時は近畿の専務として活躍していた馬場勇だ。卓越した行動力と企画力で顧客を掴み、同業他社をして「野武士集団の近畿が通った後にはペンペン草も生えない」と言わしめ、近畿を業界でも屈指の旅行会社に育て上げた辣腕者であった。彼はアイディアと熱意にあふれた若き山田に目をかけ、なにかにつけて可愛がった。この十数年後、山田が近畿から独立して新会社「ハローワールド」を立ち上げることができたのも、馬場の後押しあってのことなのだが、それはもう少し先の話となる。

馬場専務は当時、近畿社内でも一番の実力者で、福岡には、月に一度のペースで来ていました。その帰りの飛行機の、前から二番目の席を確保するのが僕の役目だったんです。馬場専務は福岡に来ると、いつも「航空の奴も呼んでやれや」って声を掛けてくれて、僕も超一流の料亭の末席に座らせてもらってました。

そんな馬場専務に「山田、東京へ出てくるか」って誘われたのは、福岡に来て2年ちょっと経った頃だったかな。でも、そのときの僕は「次に行くなら大阪がいい」と思っていたので、専務にもそうお願いして、1961年（昭和36年）1月、大阪航空営業所に転勤しました。

このときは係長として赴任したんですが、もちろん、ここでもいろいろと戦術を立てて営業成績を伸ばしましたよ。たとえば前任者から引き継いだお客さんの中に、繊維メーカーの帝人がありました。帝人は近畿のほかにも複数の旅行会社と付き合っていて、海外出張が決まるたび、人事課長が旅行会社に仕事を割り振っていたんです。今回はJTB、次は近畿、というように。でもそれだと何回かに1回しか、近畿に仕事が回ってこないでしょ。人事課長の指名を待つのではなく、出張に行く人に「近畿に頼みたい」と言わせるにはどうしたらいいか。僕はまた一生懸命考えました。

そこで目を付けたのが旅券、すなわちパスポートです。当時のパスポートは今と違って、渡航のたびに申請しなければならなくて、そのつど写真と戸籍謄本が必要でした。何度も海外出張する人にとって、これらを毎回準備するのはとても面倒なことだったんです。そこで僕は、最初にパスポート用の写真撮影をするとき、「すみませんが、ネクタイをもう1本持ってきてください」と頼みました。写真を撮るときはまずそのまま1枚撮って、次にネクタイを変えてもう1枚撮る。そうすると2種類の写真ができあがりますよね。そして戸籍謄本は別に本人じゃなくても取れるから、出張に行く可能性のある人の分は、常に有効期限6か月以内の戸籍謄本を手元に持っておくようにしました。そうすると、その人が次に出張するとき、僕に頼めば写真も戸籍謄本も手配しなくてすむとわかっているから、人事課長に「今回も近畿に手配を頼んでほしい」って言ってくれるんです。そうやって、帝人内のめぼしい人材は一通り押さえました。

そうしたら次は若手です。初めて出張に行く人も、最初から近畿に手配を頼んでくるように仕向けないとなりません。それで僕は帝人の社内を歩き回って、若手社員に気さくに声を掛けました。「○○さん、まだ海外に行かないの？ 早いとこ、ワシと一緒に仕事ができるように出世せんとあきまへんで。海外行くときはちゃんと言うてくださいね」って。そうしておくと、ホンマにその人が海外へ行くことになったとき、一番に僕に電話してくるんです。「山田さん、俺も海外に行くことになったよ。旅券の申請を頼みます」ってね。

でもここで僕が直接引き受けてしまったら、人事課長の顔を潰すことになるでしょ。だから、その人には「人事課長を通してくださいね」と伝えておいて、自分は知らんぷりして人事課長のところに遊びに行って、尋ねるわけです。「あー、そろそろ誰か海外に行きはりませんかねえ。……え、誰か行くんですか？」と。そうすると人事課長も根負けして「わかったわかった、今回は○○くんが行くよ」と言い出すから、「そうですか、じゃあさっそく旅券の手続きをします」と仕事をもらってくる。他人の顔は潰さず、それでいて仕事はきっちり取る、この作戦で帝人の海外渡航の仕事はパーフェクトに取ることができました。

そうそう、帝人では社長の大屋晋三《おおやしんぞう》さんの出張手配も担当したんですが、奥さんの大屋政《まさ》子《こ》さんは「拝む人」でね。社長が出張するときはどの飛行機にしたらいいか、彼女が拝んで決めるんです。だから僕は社長が出張すると聞いたら、その路線のすべての航空会社に連絡して、2～3日分の飛行機を全部押さえてました。だって、最終的にどれに決まるかわからないんだもの。奥様からの連絡が「○日のルフトハンザ」でも「○日の日本航空」でも即「はいわかりました、ありがとうございます」って言えるように、徹底的に準備しました。

こういう話をすると、よく「學さんはどうしてそんなにいろんなアイディアを思いつくんですか」と聞かれるんだけど、一番大きい理由は、たぶん僕が大の負けず嫌いだからでしょうね。負けるのが嫌いな人間は、「負けないためにはどうしたらいいか」を必死で考えなきゃならない。これは子どもの頃からそうでした。僕はずっと体が小さいほうだったから、体格のいい子とケンカをしたら絶対負けてしまう、でもどうしても負けたくない。こんな僕でもケンカで勝つにはどうすればいいいか、さんざん考えて思いついたのは、「ケンカに強い奴を味方につけて、自分の代理に立てる」という作戦でした。当時、クラスで一番ケンカの強い奴は勉強が苦手だったから、そいつのところへ行って「お前、勉強できへんやろ。俺が教えるで」って声を掛けて。相手が「ほんまか」って乗ってきたら、「その代わり、俺がいじめられたらお前、頼むな。あと、お前が俺に意地悪したら親父に言うて歯痛くするぞ」と脅すわけです（笑）。親父は学校の校医でしたからね。そうしたら相手は「わかったわかった」となって、周囲の子に「お前ら、學をいじめたら許さんで」と言ってくれる。これ以降、僕はケンカで負けることはなくなりました。僕の作戦勝ちです。

仕事を始めてからも「負けたくないから必死に作戦を考えてきた」という部分は、もちろんあります。ただ、それと同じくらい大きくなったのが「お客さんに喜んでほしいからがんばる」という気持ちですね。お客さんが喜ぶような仕事をすれば、それが結果的に次の仕事にもつながる、というのもあるんですが、そもそも旅行業においては、相手に喜んでもらえるような仕事をすることが、何よりも大事なことなんですよ。

そのことに気づかせてくれたのは、ゲーテの「Travel gives life.」という言葉でした。この言葉と出合ったのは1958年（昭和33年）7月、エールフランスの北極航路開設招待旅行でパリに行ったときです。たまたま機内で見ていた雑誌の中に「Travel gives life.」という言葉があって、それを見た瞬間、僕は心中で「これや！」と叫んでいました。「Travel gives life.」すなわち「旅は人に生きる喜びを与えるもの」。これは僕の意訳だけど、「俺が今やるべきことはこれなんだ！」と、まさに天啓を得た思いでした。かつて仕事を始めたばかりの頃、取引先の人に「旅行会社は高級ポン引きだ」と言われた悔しさは、その後も僕の中にずっとくすぶっていたんだけど、この言葉と出合ったことで「俺はポン引きなんかじゃない」と確信することができたんです。もともと僕は外交官になりたいと思っていたけど、旅行の仕事は海外に行っていただくお世話をするわけで、言ってみればこれも民間外交ですよね。僕がお手伝いした旅を通じて、本当にその人たちが喜んでくれて、幸せになってくれたのなら、それは旅行業に携わる者として、なによりの誇りじゃないですか。誰だって、自分がやってる仕事が社会の中で役立っていると思えなかったら、つまらないでしょう。僕はこの「Travel gives life.」という言葉のおかげで、自分の仕事に誇りを持つことができた。そし

オーストリア・ウィーン市内のゲーテ像の前で（2007年）。

てこの言葉があったからこそ、今でもこうして旅行に関わる仕事をしていられるんだと思います。

山田が就職した1950年代には、まだ一業種として認められていなかった「旅行業」は、その後1964年（昭和39年）の海外旅行自由化をきっかけに、急激に世間での認知を高めていくことになる。その波にタイミングを合わせるように、山田は1963年（昭和38年）7月、虎ノ門航空営業所に所長として赴任。そしてここから山田の斬新なアイディアによるチャータービジネスが次々と登場し、旅行業界に旋風を巻き起こしていくのである。

第3章

寝ている飛行機を起こせ！

山田、チャータービジネスを始める。

東京オリンピックのフェリー便を活用せよ！

僕が初めてチャーターを手がけたのは1964年（昭和39年）、虎ノ門航空営業所の所長になって2年目の秋のことです。その年は東京オリンピックが開催されると同時に、海外旅行の自由化が実現し、「1人年1回・外貨持ち出し500ドルまで」という制限はあったものの、誰でも海外に観光旅行に行けるようになりました。旅行会社にとっても、海外旅行はこれまでのように「限られた人のために旅券や航空券を手配する」ものじゃなく、「多くの人に観光ツアーを提供していく」ものになったんです。僕たちが実現した「日本初のチャーター便によるアメリカ&ヨーロッパツアー」は、その先駆けともいえるものだったと思います。

チャーターは飛行機の座席を旅行会社が1機分丸ごと買い取り、それを顧客に販売して、臨時便として飛ばす仕組みのことである。席が売れ残れば旅行会社の損になるためリスクも大きいが、逆に全席売り切れば、航空会社から定期便の座席を仕入れてコミッション（手数料）を得るより大きな利益が得られ、メリットは大きい。加えて、チャーター便なら繁忙期でも座席を確保できるので、大型団体顧客の開発にもつながるうえ、定期便が飛んでいない新たな観光地（デスティネーション）を開発できれば、海外旅行のマーケット拡大も可能になる。当時、業界第1位のJTBに追いつき、追い越すことを目標としていた山田たちにとって、チャーターは「リスクを背負ってでも、打って出る価値のある勝負」であった。

この頃、日本の旅行業界のトップを独走していたのはJTBでした。彼らは国鉄（現在のJR）の定期券を一手に扱っていたので、売上全体でみれば近畿をはじめ、他の旅行会社に勝ち目はまったくなかった。でも、チャーターという局地戦争に限れば、僕らにも勝てるチャンスはある。そう思ったから、チャーターは是が非でもやりたかったんです。

そもそも、どんな商売にもブレーク・イーブン・ポイント（損益分岐点）というのがあって、旅行会社の場合、航空券のコミッションだけで商売している限り、いつまでもそこには到達できないんですよ。リスクを覚悟してチャーターをやって初めて、旅行会社にもブレーク・イーブン・ポイントが来る。航空会社の一般的なブレーク・イーブン・ポイントは座席有償利用率60パーセントと言われているけど、旅行会社が1機丸ごと買っちゃえば、ブレーク・イーブン・ポイントも旅行会社の側に来るわけです。全部売り切れば仕入れ値を超えた分は儲けになるし、航空券だけでなくホテルの手配でも儲けが出る。ただ、儲かる可能性がある分、リスクも負うことは確かなので、あとは会社がそのリスクを許容してくれる体質かどうかですよね。

ＪＴＢの場合、当時は定期券収入で経営が安定していたので、チャーターなんてリスキーな勝負には絶対に出てこないだろうと思っていました。それに対して近畿は後発で、もともと経営がシビアだったので、他社がやらないことばかりやって「野武士集団」と恐れられながら業績を伸ばしてきた会社です。創業当初は修学旅行の仕事を取るために、国鉄に修学旅行専用の臨時列車を仕立てて走らせたという逸話がありますが、考えてみれば飛行機のチャーターもそれと同じ理屈なんです。僕らがリスク覚悟でチャータービジネスに踏み切れたのも、近畿という会社自体にリスクを許容する風土があったからだと思います。

そんな僕らの最初のチャーターは、１９６４年（昭和39年）の東京オリンピックがきっかけで実現しました。まず、オリンピックが始まる前は、外国から選手を乗せた飛行機がたくさん日本に来ますよね。その飛行機は選手を下ろしたらいったんカラ（フェリー便）で自国に帰って、試合が終わったらまたカラで迎えに来るわけです。せっかくの飛行機がフェリー便で往復するのは、実にもったいない。だったら、空いてる席に日本人の旅行客を乗せて外国に連れていって、選手を迎えに来るときまた乗せて戻ってくればいいじゃないか、そう思いついたんです。さっそく各国の航空会社に打診してみたら、みんなフェリー便にするよりは席が売れたほうがいいに決まってるから、この話は大歓迎。普段よりも安い値段で席を売ってくれることになりました。その結果、当時のヨーロッパ旅行はだいたい1人あたり往復80万円くらいが相場だったところを、通常のちょうど半分の往復39万8000円で売り出すことができたんです。

ただ、当時はまだ日本にきちんとしたチャーター制度がなかったので、まずは運輸省（現在の国土交通省）に交渉して、運航の許可をもらう必要がありました。海外では定期便よりむしろチャーターのほうが普及していたようですが、日本の場合は海外への定期便を日本航空が一手に引き受けていて、その売り上げに影響するような低価格のチャーターを飛ばすわけにはいかない、というのが国の方針だったんですね。当時の日本航空は、今と違って半官半民の会社でしたから。そこで「チャーターの乗客はアフィニティとオウンユースに限る」と条件が定められました。アフィニティは「関係者」、すなわち知り合いに声を掛けて搭乗者を集めることで、学校や企業の研修旅行、親睦旅行なんかがこれにあたります。もう一方のオウンユースは「購入者自身による使用」、つまりは招待旅行のことです。企業が1機分の座席をまるごと買い取って、得意先とか商品を買ってくれたお客さんを海外旅行に招待する、ってやつですね。これらはいずれも一般公募ではないので、定期便販売の邪魔にはならないだろうということで許可されました。

それで、最初のオリンピック・チャーターはアフィニティでいくことになりました。まず話を持っていったのが、全国専修学校各種学校総連合会です。これは洋裁や料理などの専門学校が集まった団体で、総連合会の事務局が各学校に話をして、参加者を集めてくれました。

続いて、近畿地方の学校の先生方で組織している国語研究会とか算数研究会とかの団体にも声を掛けました。ただ、これらはどこも人数はあまり多くないので、それらの団体をまとめて一つの組織に見せかけるべく、近畿で「海外教育研究会」という任意団体を立ち上げ、各研究会をここに登録させる形を取りました。そのほかにも、デザイナーの団体から「先進国のデザインを見に行きたい」と申し込みがあったりして、座席は順調に埋まり、最終的にはこのオリンピック・チャーターで、約３０００人の日本人観光客をアメリカやヨーロッパに送客することができました。

このときのチャーターで海外に行った人たちは、ほとんどが海外旅行初体験だったと思います。この旅行が人生の大きな転機になって、のちに熱海に観光専門学校を作った人もいたようですよ。僕たちにとってもこの経験は、チャータービジネスの未来を感じることができる、貴重な第一歩となりました。

日本初の海外旅行チャーターを成功させた山田は、翌々年の１９６６年（昭和41年）１月、虎ノ門航空営業所所長から本社の航空旅客営業部課長へと昇進する。そして同年にはルフトハンザ航空を使った香港便、１９６８年（昭和43年）からはキャセイ航空を利用した台湾便のチャータービジネスを手がけたのだが、これまた業界の常識をひっくり返す、誰もが驚く奇抜なアイディアによるものであった。

この香港・台湾へのチャーターは、羽田空港の夜間駐機時間を利用したもので、業界内では「夜這い便」と呼ばれました。どういう意味かというと、まず香港・台湾からの便は夕方に羽田空港に到着して、翌朝また香港や台湾に飛んでいくんですね。つまり、夜中は羽田空港で何もせずに寝てるんです。これでは飛行機のユーティリティ（効率）も良くないし、夜間駐機料もかかる。だったら、あの寝てる飛行機を叩き起こして、夜中に香港・台湾へもう一往復させたらええやんか、というのが僕らのアイディアでした。羽田空港は夜11時から朝6時まで離発着ができないので、空港が閉まる前に飛び立って、空港が開いてから帰ってくればいい、と考えたわけです。

それともう一つ、僕が夜這い便に目を付けたのは、座席をかなり安く買い取れると踏んだからでもあります。そもそもチャーターの価格は航空会社の「経費＋利益」で決まりますが、夜這い便はもともと稼働を想定していない時間帯だから減価償却費は不要だし、丸ごと買い取りなので販売費も要らないし、羽田空港に払う駐機料も不要になるし、あと必要なのは燃料代と乗務員の人件費と食事代くらい。つまり、運航にかかる経費は通常よりも相当安く済むわけです。これなら買い取り価格もだいぶ抑えられるはずだと考えました。実際、このツアーは、キャセイ航空を使った台湾3泊4日食事付きのコースで、1人あたり6万8000円と、通常の約半額で販売することができました。

このときのチャーターの用途はアフィニティではなくオウンユース、企業の招待旅行用でした。よく家電メーカーが「カラーテレビを買ってくれた人を台湾旅行にご招待します」とかってキャンペーンをやりますよね、アレです。チャーターは1機丸ごと買うと数百万円かかりますが、それでもメーカー側からしてみれば、商品を値引きして売るよりもだんぜんメリットがあるんです。たとえば、家電メーカー一押しの高級カラーテレビは当時定価が30万円近かったんですが、それを値引きして売るよりは「正価で買ってくれたら13万円相当の台湾旅行にご招待」というほうがインパクトがあるし、消費者も「それはええやないか」と思ってくれて、商品の売れ行きも伸びる。メーカーも嬉しい、消費者も嬉しい、そしてもちろん近畿も嬉しい。三方いいことずくめです。僕らはこれを「スリーメリットシステム」と呼んでいました。この仕組みはメーカーの間でも話題になったらしくて、わざわざ僕らが営業に行かなくても、「近畿がなんか面白いことやってるぞ」って問い合わせが殺到して、チャーターの座席は順調に売れていきました。

ただ、このとき僕らは「同業種内では1社にしか販売しない」というルールをあらかじめ決めていました。たとえば家電メーカーではサンヨーだけと決めたら、それ以外のメーカーには絶対に売らない。それでサンヨーには「他の家電メーカーからも話がきてますけど、うちはお宅にしか売りませんから。ところで何機買います？」と切り出すわけです。そうなると向こうも義理を感じて、「じゃあ5機買おう」「7機買おう」という話になる。「そんなこと言ったって、他の旅行会社が同じ企画を出してきたらどうするの？」と思われるかもしれませんが、それは心配ご無用。だってメーカーが他の旅行会社に行って、近畿と同じようなチャーターをしたいと相談しても、「そんなことできません」って言われて終わりですから。

まあ、実際には「できない」んじゃなくて、「どうすればできるかを考えられない」だけなんですけどね。何はともあれ、こんな意表を突くチャーターを実現できたのは近畿だけでした。最終的にこの夜這い便は、60日間で58便飛ばしました。飛行機が飛ばなかったのは、機材のメンテナンスのための2日間だけでした。

香港・台湾の夜這い便で勢いに乗った航空旅客営業部は、1970年（昭和45年）1月、山田が部長に昇進したこともあってさらに調子を上げ、次々と新たなチャータービジネスを手がけていく。その中でも特に注目を集めたのは、1970年（昭和45年）のブリティッシュ・エアウェイズ（以下、BA）木曜便1年分買い取り、そして翌1971年（昭和46年）、ハワイへのチャーターを1人あたり9万9900円で実現した衝撃の格安ツアー、通称「トリプルナイン」であった。

BAのチャーターは臨時便ではなく、定期便の買い取り、いわゆるブロック・オフ・チャーターです。当時、BAは羽田－ロンドン間で定期便を飛ばしていたんですが、毎週木曜日のフライトは現地到着が金曜になるから、仕事で利用するには効率が悪くて、ビジネスマンが使いたがらない。それでロードファクター（座席有償利用率）がせいぜい35パーセント止まりなんだと、BAの日本支社のマネージャーが嘆くわけです。彼に「山田さん、この木曜便、何とかできないかな」と相談されたので、「よっしゃ、じゃあ木曜のエコノミーの座席を1年分、全部うちで買うわ。ロードファクターが35パーセントなら、価格は50パーセントでええやろ」と提案しました。BAでは35パーセントしか売れない便でも、こっちで何か工夫して50パーセント以上売り上げればいいんだし、その点は自信がありましたからね。

ただ、さすがに1年分の座席買い取りとなると、日本支社だけでは決断できなかったらしくて、「ロンドンの本社で、極東総支配人と会って相談してもらえませんか」って話になりました。それで僕は、極東総支配人へのお土産を何にしようかと考えた。ちょうどその頃キヤノンの卓上型電卓の新製品が発売されたばかりで、1台12万円くらいでちょっと高かったんだけど、「こんな計算機は英国にはあれへんやろ、面白がるんちゃうかな」と思って、2台持って行くことにしました。いざロンドンに着いたら、ホテルに迎えのロールス・ロイスがどーんと横付けされて、本社まで連れて行ってくれました。

BAの極東総支配人との交渉は、日本支社のマネージャーを通して行われました。実は僕、英語はしゃべるのは下手だけど、聞くことはできるから、総支配人がしゃべってる段階でひととおり内容は理解できるんです。でも、あえて日本支社のマネージャーが訳してくれるのを待って、考える時間を確保する作戦で交渉に臨みました。といっても、こちらの落としどころは最初から決まっていたんですけどね。エコノミー座席1年分、53便×各100席を全部買うとして、BAに払うのは10億円までと決めていた。この金額に特に根拠はなかったんですけど、まあ正規運賃が約46万円だったので、だいたい40パーセントくらいですね。ただ、先方は最初に「50パーセント」と聞いているから、「10億円」というと「それでは安いんじゃないか」と言ってくるわけです。僕はここで持って行った計算機を取り出して、先方の希望金額を計算させた。そうしたら11億ちょっとになったので、僕は知らん顔で「ちょっと計算機貸して」って電卓に数字を打ち込んで、「おかしいな、僕が計算すると10億円になるんだけど」って数字を見せました。ほら、時代劇なんかで大阪の商人が商談中に値段を提示されたとき、そろばんの玉を1個はじいて「この金額でどうでっか」って交渉するシーンがあるでしょ、あんな感じです（笑）。僕が「なんであなたと僕とでは計算結果が違うんだろう。やっぱり日本の計算機はまだまだですな」と言ったら、極東総支配人もようやく僕の言いたいことがわかったらしくて、ケラケラ笑い出してね。「わかった、10億円で売ろう」って言ってくれて、無事に交渉がまとまりました。

さて、1年分の座席を10億円で買った以上、冬だろうと夏だろうと、とにかく売らきゃなりません。今回は買い取りといってもブロック・オフ・チャーター、つまり表向きは定期便なので、一般のチャーターのようにアフィニティとかオウンユースとかの販売制限はなく、定期便と同じように広く販売できます。それでいて、BAはもう10億円で売り払っちゃってるわけですから、販売価格は近畿が自由に決められる。そこで僕らは「お客さんが多い時期は高く、少ない時期は安くして売ろう」と考えて、1月はいくら、2月はいくらと、季節ごとの料金（シーズナリティ）を設定していきました。シーズナリティは今でこそ当たり前になってますが、初めて世の中に登場したのはこのときだったんですよ。

ちなみにその際、一番安くしたのは真冬で、ロンドン往復ホテル付き14万2000円という破格値でした。これには同業他社もびっくりしてましたね。当時、航空券の割引料金にはGV25（25人以上で団体料金適用）という仕組みがあったんだけど、GV25を使っても絶対に14万2000円にはならない（笑）。他社の中には、BAに「なんで近畿だけあんなに安く卸すんだ」って文句を言ったところもあったみたいだけど、BAは「さあ、知りません。うちは近畿にまとめて買ってもらっただけで、値段は近畿が勝手に付けてるんですから」って言い張れる。実際、別にどっちもズルはしてない、まっとうな商売ですからね。

ただ、いくら14万2000円と安くしても、こんな冬の寒い時期にヨーロッパ観光に行きたがる人なんて、そうそういませんよね。そう考えると、ここは普通の観光ではなく、スキーのように「冬ならではの観光」を求めている人に売ったほうがいい。通常の40〜50万円のツアーではとても行けないけど、14万2000円なら行きたいと思うスキーファンはいるんじゃないか。じゃあこの時期はスキーツアーとして売り出そう、と考えるわけです。あとは信仰を持つ人に向けた「聖地巡礼ツアー」とかね。これも遊びに行くのとは違うから、季節は関係なく、安ければ行く気になるだろうと。そうやって一生懸命に売り方を考えて、きめ細かく営業した結果、このBA木曜便は最終的に1席も残さず、きれいに売り切りました。もともと40パーセントで仕入れているから、会社としても大儲けで、大成功でした。

この頃までは、国際線のチャーターには海外の航空会社の機体が使われることが多かったが、翌1971年（昭和46年）2月21日には全日空が日本の航空会社として初めて、香港線に海外チャーター便を飛ばすに至った。このチャーター便を手がけたのも、もちろん山田たち近畿の航空旅客営業部である。全日空の国際線進出については次章で詳しく述べるが、ただ、この時点でも日本ではまだ「チャーターの乗客はアフィニティとオウンユースのみ」という規制が残っており、乗客の一般公募はできなかった。日本で一般公募可能なITC（Inclusive Tour Charter：包括旅行チャーター）が許可されたのは、1978年（昭和53年）になってからである。

といっても、実はITCが許可される以前も、実態としては限りなく公募に近い状態だったんですけどね。一応、チャーターを飛ばすときは、事前に運輸省に搭乗者名簿と団体の会員名簿を提出して、運輸省が「関係者や招待者しか乗っていない」ことを確認する決まりになっていました。逆にいえば、その団体名簿をでっち上げちゃえばいいわけです。寄せ集めの団体の場合は、新しく作った名簿を古い名簿に見せかけるために、わざと床に落として汚してから提出する、なんてこともやってました（笑）。まあ、運輸省も薄々はわかってたと思いますけど、そこはほら、建前だから。

あるときなんか、クレジットカード会社の顧客の招待旅行をやったんだけど、実際にはその会社の顧客は半分くらいで、残りはよそからかき集めた客、ってことがありました。で、その会社は顧客名簿をノートではなく、カードで保管してたんです。運輸省に「顧客名簿はありません、カードです」と言ったら、「じゃあカードホルダーごと持ってきて」と言われたので、急いで会員以外の搭乗者のカードを作って、カードホルダーの中に紛れ込ませてから持っていきました。僕らはカードを書いてホルダーに入れるだけだから、たいした手間じゃなかったけど、運輸省の人はカードと搭乗者名簿をいちいち突き合わせなきゃならなくて、その作業に一晩かかったらしいです。あとでさんざん愚痴を言われましたよ。

ま、世の中にはルールだけ守っていたらできないこともありますからね。ルールを破ることで他に迷惑をかけたらいけないけど、迷惑がかからない範囲でルールを柔軟に活用できるのなら、大いに活用していかないと。

その「ルールの柔軟活用」の最たる例が、1971年（昭和46年）に企画した「1人あたり9万9900円のハワイ旅行」、通称「トリプルナイン」でした。これはメーカーの懸賞旅行向けに企画したオウンユース・チャーター。そもそも僕がトリプルナインを思いついたのは、公正取引委員会の決まりに「景品類は10万円以下」という規制があったからです。メーカーでは「〇〇を買ってクイズに答えると、正解者の中から抽選で〇名をどこそこにご招待」なんてキャンペーンをよくやるけど、そういった懸賞旅行の商品になるツアーは、1人あたりの経費が10万円以下じゃなきゃいけないんです。逆にいえば、ツアーの値段が10万円以下だったら、行き先はどこでもいいってこと。ハワイ行きのオウンユース・チャーターを1人あたり10万円以下で設定できれば、メーカーに懸賞旅行としてハワイを提案できるやないか、と思いました。

ただ、いっぽうでは運輸省の規定があって、チャーター便の最低料金は「1機につき1マイルあたり何セント」と決められていたんですね。普段使っている航空機DC－8だと、座席数が130席くらいしかないから、ハワイまでのチャーター料金を130席で割ると、1人あたりの旅行金額はどうしても10万円を超えてしまう。そこでパッとひらめいたのが、「座席数の多い大型飛行機を使えば、1人あたりの経費は下がって10万円を切れるはず」ってことでした。急いで探したら、アメリカにはトランス・インターナショナル・エアラインズ（TIA）というチャーター専門の航空会社があって、そこがDC－8ストレッチャーという座席数200席の飛行機を持っていることがわかったんです。この機体を借りて飛ばせば、1機あたりの座席数が増えるぶん、1席あたりの料金は減って、1人あたりの旅行価格を10万円以下にできる。こうして「9万9900円で行くハワイ旅行」こと「トリプルナイン」が実現しました。

これはメーカーには大好評で、チャーターはばんばん売れました。それでこっちも調子に乗って、TIAから借りた飛行機を次々と飛ばしてたんだけど、実は最後の最後で落とし穴があってね。僕はそれまで気づかなかったんだけど、当時、日本とアメリカ政府間には「臨時便は貨物を含めてそれぞれ年間75便まで」という決まりがあったんです。その規定に、トリプルナインの最後の便がひっかかってしまった。もう飛行機は手配できてるのに、出発直前に「飛びません」と言われて、驚いて確認したら「年間75便の枠を使い切ったから」って聞かされて、もう「ええーっ！」ですよ。お客さんはすでに名古屋に集合して、新幹線で羽田に向かっているのに、飛行機が飛ばないんじゃ話にならない。あわてて他社の定期便を手配しようとしたんだけど、日本航空には「あいつらは外国の航空会社を引っ張ってきて、安くチャーターやりやがって」って思われてるから、協力してくれるわけがない。それで懇意にしていたパン・アメリカン航空（以下、PA）の日本人部長に連絡して頼み込んで、PAである程度の席を確保してもらったんです。ちょうどバルク運賃（GV40）っていう団体割引料金が登場した頃で、これなら値段もそう高くはならないし。

ただ、バルク運賃は本来、3週間前までにチケットを発券しなければならないんです。今回は出発直前だから、本当ならバルク運賃のチケットは切れない。こっそりやろうにも、航空業界にはIATAのルールが守られているかどうかをチェックする「インスペクター」という役割の人がいて、今回はたぶん日本航空がインスペクターに告げ口して、調べに来させるだろうと予想できました。それでPAの日本人部長と相談して、チケットはバルク運賃のものと正規運賃のもの、2種類用意しておくことにしたんです。そうしたら案の定、インスペクターが来たら、正規運賃のチケットを見せてやり過ごそうと。そうしたら案の定、インスペクターが調べに来たので、彼には正規運賃のチケットを見せて追い返し、精算はこっそりバルク運賃のチケットで済ませました（笑）。

ただ、そうして用意したPAの座席も、お客さん全員を乗せるにはまだ足りなかったんですね。そこで次に僕が目を付けたのが、BAの世界一周便でした。実はこの路線は、その前日にターミネイト（運航終了）していたので、羽田空港にカラの飛行機が置いてあったんです。それを動かしてもらおう、と思いついて、ＢＡ木曜便買い取りのときお世話になった日本のマネージャーに頼み込んで、急遽英語の依頼文を作ってもらい、僕自身も夜中に自宅からＢＡ本社の極東総支配人に電話して、懇願しました。「帰りはこっちでどうにかするから、行きだけなんとか飛行機を動かしてもらえないか」とね。そうしたら翌朝、極東支配人から折り返し連絡があって、飛行機を動かす許可をくれたんです。このときはもう、本当に涙が出ましたね。本来ならばもう運航は終わっていて、パイロットにもキャビンアテンダントにも次の仕事が割り振られていたはずなのに、僕らのために動いてくれたんだから。ＰＡといい、ＢＡといい、本当にありがたかった。彼らの助けがなかったら、お客さまに迷惑をかけたことで社会問題になり、僕は責任を取って会社を辞めていたと思います。実際、すでに辞表は用意していましたから。

ただ、彼らがあそこで僕を助けてくれたのも、それまでの人間関係があってのことだと思うんですね。人間関係というのは常にお互いさまで、どちらかが「自分だけがよければいい」と考えたり、嘘を付いたりしたらダメ。お互いが心と心でつながっていて、裏切らないこと。それが何よりも大事だと思います。

人間関係の大切さは取引先に限らず、社内でもまったく同じです。部下ががんばったら、上司は必ずきちんとその努力に報いなきゃいけない。

たとえばチャーターの場合、座席は航空旅客営業部から全国の海外旅行営業所に卸すわけですが、そのときの値段は、航空会社から仕入れた値段よりも少し高くするんです。全席確実に売れるなら卸値のままでもいいけど、売れ残る可能性もありますから。そうすると逆に100パーセント売れたとき、営業部に差額分の利益が残る。その分は各営業所に、集客した人数に応じて分配しました。みんなで売り切ったものはみんなにリターンがあって然るべき、僕はそう思ってましたから。

そういうふうにしていると、営業所のメンバーも一生懸命がんばるから、当然営業成績は伸びていきます。当時、近畿には全国で200か所以上の営業所があって、海外旅行営業所はそのうち22か所だけなんだけど、1年間の予算達成率で評価される「営業所表彰」では、どの営業所もみんな上位に食い込んでくるんですよ。営業所表彰で上位になると報奨金が出て、営業所のメンバーに還元されるから、みんなますますがんばる。

ところがあるとき、全社の予算折衝会議の席上で、経理担当の専務に営業所表彰のことでイヤミを言われたんです。「航空旅客営業部は表彰のお金が欲しくて、予算をいつも低めに設定するんやろ」ってね。その瞬間、僕は机を叩いてぶち切れました。「あんた、いま何言うたんですか！　俺たちはそんなチンケなもんのために仕事してんじゃねぇや！　うちのメンバーはきちっと数字を積み上げて表彰されてるのに、それに対して何ちゅう言いぐさや！　もうこんな予算折衝やめやっ」って。で、実際そのまま予算にはＯＫを出しませんでした。会社としては、航空旅客部門が予算を決めないことには全社の予算が立たないから、経理部長には「山田さん、頼むよ」って泣きつかれたけど、僕は「あかん、お前ら勝手にやっとけばええやんけ。俺らは賞金が欲しくて仕事しとるんと違うわい」とはねつけて、結局最後までYESとは言わなかった。そのときはエレベーターの中で専務に鉢合わせするたび、向こうが横向きよりましたわ（笑）。

でも彼は、僕が後に近畿を辞めてハローワールドを立ち上げたときは、会社の監査役になってくれてね。「最近はお前みたいなヤンチャな奴はおらんわ」って褒めてくれました。結局、彼が亡くなるまでつきおうてましたなあ。

そんなわけで、僕はがんばった人はきちんと評価していました。学歴なんかはまったく気にしませんでしたね。むしろ大卒と高卒だったら、高卒を大事にした。たとえばあるとき、高卒で4年目の奴が出勤簿を見て「けしからん」と言ってるのを耳にしてね。どうしたんや、と尋ねたら、「大卒の新入社員の名前が自分よりも上のほうに書いてある」というわけです。「自分は4年間一生懸命に働いてきたのに、なんで昨日今日入ってきた奴の名前が、俺より上に書いてあるんだ」と。僕は「そうか、お前の言ってることは正しい」と言って、専務に「くだらんと思われるかもしれませんが、これは大事なことだから。名簿の順は学歴ではなく、仕事の経歴を重視して、高卒の子の下に大卒の子の名前を置いてほしい。そして100円でもいいから、大卒の新卒の子より高卒5年目の子の給料を高くしてください」と頼みました。その専務はすぐに「わかった」と言って、翌日対応してくれました。

そんなふうにしていたこともあってか、部下はみんなよく僕についてきてくれました。でも、ふだんは厳しくてうるさかったから、辟易《へきえき》した人も多かったと思いますよ。たとえば会議の途中で席を立つ奴がいたら、僕は必ず「お前、どこ行くんだ」と呼び止める。それで「トイレです」って言われたら、「やめとけ！　男は会議に集中してたら、小便なんか行く気になるか、アホ！」と。これはさすがに周囲から「かわいそうですよ」って諌められたけど、僕に言わせたら「バカタレ、男が真剣にモノ聞いとったら、尿意なんか気になるほうがおかしいわい」ってなもんですよ。場合によっては部下だけでなく、先輩に対しても同じようにしてました。営業会議で、目上の営業所長が「今回の予算が達成できなかったのは、チャーターの値段が自分たちの考えていた値段と違ったからだ」と言い訳したときも、僕は即座に「バカタレ、人のせいにすんな！」と怒鳴りつけましたね。とにかく人のせいにする奴は大嫌いだから、先輩であっても遠慮せずにバーンと言っちゃう。そんな調子だったから、社内では僕のことを「山田天皇」と呼んでた人もいたみたいです（笑）。

第4章

全日空を世界の空へ

山田、全日空初の海外チャーター便を手がける。

香港にダビンチマークの全日空機が飛んだ！

僕が香港・台湾夜這い便やＢＡ木曜便買い取りといった国際線ビジネスを手がける中で、いつも考えていたのが「全日空も国際線を飛べるようにすべきだ」ということでした。当時、日本では海外路線を飛べるのは日本航空だけで、全日空は国内線のみとされていましたが、これはどう考えてもおかしい。だって、アメリカの航空会社は3社も日本に就航しているのに、日本の航空会社は1社だけなんて、不公平でしょう。だから僕は、運輸省に「全日空にも国際線を飛ばさせてほしい」と直訴したんです。

全日空初の国際線フライトは、1971年（昭和46年）2月21日の香港行きチャーター便である。送客を手がけたのは、もちろん山田率いる近畿の航空旅客営業部。これを皮切りに、全日空にも国際線就航の道が開かれてゆくわけだが、実はこの香港初フライトは、山田の強い思い入れと地道な努力の積み重ねがあって、初めて実現した企画であった。山田は自身が航空会社の人間ではないにもかかわらず、就航実現の2年以上前から、運輸省に全日空海外チャーター便の認可申請を繰り返していたのである。

僕は別に日本航空の競争相手を作りたかったわけじゃないんですよ。日本航空には友達もいっぱいいるし、彼らの仕事を奪う気なんかぜんぜんなかった。むしろ全日空は当時国内線しか飛んでいなかったから、それまで国際線中心に仕事をしていた僕にとっては知り合いもほとんどいなくて、なじみのない会社だったし。あくまでも「全日空が国内線しか飛べないのは、国策としておかしいし、平等じゃない」と思っただけです。当時は日本航空は半官半民の会社で、全日空は民間の会社だったから、国としては民間会社に国際線に参入されて、既得権益を守れなくなるのが嫌だったんでしょうね。でもそんなの、どう考えたって変じゃないですか。

当の全日空としても、もちろん国際線就航は全社的な目標の一つですから、社内に国際線準備室という組織を立ち上げていました。それで、僕は準備室の人に「準備ばっかりしてても しょうがないでしょ。具体的に動きましょうや」と声を掛けて、運輸省に申請を出すことにしたんです。それが1968年（昭和43年）頃のことでした。ちなみにそれ以降、僕はハローワールド、全日空ワールドと会社を変わりながらも、ずっと全日空と仕事をしてきたわけですが、考えてみれば43年間の仕事人生のうち、31年間を全日空に関わって過ごしているんですよね。その長いお付き合いのそもそもの始まりが、まさにこのときだったんです。

さて、実際に申請を出すにあたっては、最初から定期便を飛ばしたいとか、アメリカ路線に就航したいとか言っても、外交や国策の事情で難しいのはわかっていたので、まずは臨時便のチャーターからいこう、行き先は香港で、と決めました。僕らがまずお客さんを集めておいて、その後で全日空から運輸省に「○月○日、香港に100名送客するチャーター便を飛ばしたい」と申請するわけです。運輸省ではその申請を受け取って、許可するかどうか決める。ただ、このときダメでも「不許可」とはしないんですね。「不許可」だとその理由を明らかにしなきゃいけなくて、まさか「日本航空の既得権益を守るため」なんて言えないでしょう(笑)。それに航空会社としても、いったん「不許可」と言われたら二度と申請できなくなって、それはそれで困る。だから許可が下りないときは「申請書の取り下げ」をしていました。お互いに「申請の事実はない」ってことにしちゃうんです。

といっても、申請のためにお客さんは集めてしまってますから、僕ら旅行会社としては「申請したけど飛べませんでした」というわけにはいかない。それで、全日空で申請するときには、僕らは必ず別の航空会社の機体も確保するようにしていました。全日空の許可が下りなかったら、すぐに代替便を手配しなきゃいけませんから。だから僕としては、飛ぶか飛ばないかを早く知りたくて、運輸省に様子を探りに行くわけです。でも、旅行会社の人間が運輸省の窓口に行って「飛びますか、どうですか」なんて直接聞いたって、担当者もその場で答えるわけにはいかないですよね。それで、担当者は僕が顔を見せるといつも「山田さん、上行こうか」と声を掛けてくるんです。その部署の上のフロアには喫茶室があるので、そこに行って話しましょうと。そう言われると、こちらは「あ、今回も申請は通らなかったな」とわかる。で、喫茶室でお役所の人にお茶を奢ってもらいながら、急いで部下に連絡して「今回もキャセイで行くぞ」とか伝えていました。

そんなやりとりを2年以上続けるうち、さすがの運輸省も根負けしたのか、もしくは時代の流れが味方したのか、ついに1971年（昭和46年）2月下旬、全日空の国際線チャーター便が香港に飛ぶ認可が下りることになった。記念すべきその一報が山田のもとに届いたのは、しかし、フライトまで1か月を切った2月頭のことだった。

2月2日に全日空の若狭社長から近畿の馬場副社長に内々に電話があって、「今度は本当に国際線でうちのチャーター便が飛びます。2月下旬には許可になりますから、お客さん集めをよろしくお願いします」と伝えられました。ふたりは旧制高校時代の先輩後輩で、もともと仲が良かったんです。それを受けて馬場副社長が僕を呼び出して、「まだ正式に許可は下りていないが、全日空の社長が『今度は飛ぶ』と言ってるから間違いない。客の手配、頼むぞ」と言われました。

でも、そんなこと急に言われたって、今みたいに数年間有効な数次往復旅券なんて、誰も持ってないんですよ。海外旅行に行くためには、毎回その都度パスポートを申請しないといけない。そのうえ、当時の香港はビザが必要だったんです。連絡があったのが2月2日だから、20日ほどしか猶予がない中で、お客さんを１００人以上集めて、パスポート申請して、ビザも取って……って、そんなのどう考えたって不可能です。しかも急な話だから、万一全日空が飛べなかった場合に備えて、他の航空会社の機体を手配することもできない。とはいえ、せっかく全日空が今度こそ飛ぶって言ってるのに、それを後押ししてきた僕らが「お客は用意できません」とは絶対に言えない。だから僕は副社長に「わかりました」と答えました。

さて、ではどうするか。もし許可が下りなかったときのことを考えると、一般のお客さんを集めておいて迷惑を掛けるわけにはいかない。「万一のときは謝れば済む相手」、つまり近畿社員の親類縁者しかない、と考えました。実はちょうど都合のいいことに、その日と翌日、近畿では全国の営業所長を集めた全社会議をやっていて、僕の統括する航空旅客営業部の営業所長22名もそこに参加していたんです。それで僕は、会議終了後に営業所長達を集めて、こう告げました。「実は2月下旬に、全日空の香港チャーター便が飛ぶという連絡が入った。全日空から内々に集客を依頼されたんやけど、今からだと他の航空会社も手配できん。万一飛ばなかったときのことを考えると、普通のお客さんを集めるわけにはいかん。そこでお前ら、今晩中に兄弟や親戚に電話して、明日の朝までに香港に行ける人間を１１０人集めろ。値段なんか後で付けるから、とにかく行ける奴を探せ」と。

それで翌朝、また営業所長達を集めて「お前のところは何人行ける？」と確認して、人数が集まったところで声掛けを打ち切って、参加者全員のパスポートを申請するように伝えてから、馬場副社長に「お客さん、集めました」と報告しに行きました。副社長はさすがにびっくりして「はあ？　ホンマか」と聞き返されましたが、「実はこれこれこういう方法で」と明かしたら「それはそうだ」と納得して、全日空の社長に「集まりました」と連絡を入れてくれた。それで2月21日に全日空の香港初フライトが実現することになったわけです。

ただ、ここでもう一つ、超えなきゃいけない壁がありました。当時はチャーターといえばアフィニティかオウンユースしか認められていませんから、今回もそのどちらかの体裁をとらないといけない。アフィニティでは日本航空に調べられたらすぐにバレちゃうから、ここはオウンユースしかない。どこかの会社が「これはうちの招待旅行です」と言ってくれれば、それで成立するわけです。そこで、かねてから付き合いのあった名古屋の寝具店の社長のところに出向いて、「実はこういうわけで、全日空のチャーター一番機が香港に飛びます。オウンユースにするために、お宅の招待旅行ということにしてもらえませんか」と頼み込みました。社長は「天下の全日空の一番機が俺んとこの名前で飛ぶとは、名誉なことだ」と喜んで、すぐにOKしてくれました。そのうえ、僕が「フライト当日は寝具店のハッピを着て、羽田空港でお見送りしてほしい」と頼んだら、それも快諾でね。その人は乗っていく人たちのことなんて誰一人として知らないのに、羽田空港でハッピを着て、一生懸命バンザイしてくれました。あれは本当に嬉しかったですねえ。

ちなみに僕自身は、このファーストフライトには乗っていませんが、実はその前のテストフライトに同乗してるんです。全日空はそれまで国内線しか飛んでないから、国際線を飛ばすためには、パイロットもスチュワーデスも練習が必要になるでしょう。特にパイロットは「慣熟フライト」といって、実際に香港の空港に到着する練習をしないといけない。その練習のためのテストフライトで、全日空から「山田さん、乗ってくれませんか」と声がかかったんです。

このときは通常の営業ではなく、あくまでもテストだから、香港の空港でもタッチ&ゴーを繰り返しやってね、あれは実に貴重な体験でした。スチュワーデスにも、食事の中身をチェックして意見を言ったりして。それで一晩香港に泊まって、また翌朝空港に来たら、空港に全日空の機体が停まっているのが見えるわけですよ。当時の全日空は、尾翼にダビンチマーク（レオナルド・ダ・ビンチによるヘリコプターの原型のスケッチを図案化したもの）が描かれていてね、「ダビンチマークの全日空機が香港空港に停まってる！　俺がずっと目指してきた全日空の国際線就航が、ついに実現したんや！」と、ものすごく感激したことを今でもよく覚えています。

そのうえ、帰りの便ではパイロットからとても素晴らしいプレゼントをもらいました。成田空港に近づいてきたとき、キャプテンがコックピットから「山田さん、こっちに来ませんか？」と呼んでくれたんです。普通はフライト中、コックピットに民間人を入れたらいけな

全日空国際チャーター初便。スチュワーデスのファッションから時代が伺える。

いんだけど、このときは営業フライトではないですからね。それで僕がコックピットに入ったら、目の前に房総半島が180度、バーンと広がっていて。もう、なんともいえない絶景、初めて見た本当に素晴らしい景色でした。僕自身、長年の夢だった全日空の国際線就航を実現したという達成感も相まって、あの感動はきっといつまでも忘れないだろうと思います。

こうして始まった全日空の国際線チャーターは、当初の香港からインドネシア、バリ島など、東南アジア方面にどんどん路線を拡大していきました。それぞれのファーストフライトを手がけたのも、もちろん、すべて僕たち近畿の航空旅客営業部でした。

近畿日本ツーリスト出身者座談会

近畿を、そして旅行業を山田さんが変えた。

近畿日本ツーリスト在籍時、山田は新たなチャータービジネスやツアーの企画、ニューデスティネーションの開発など、近畿社内はもとより旅行業界の歴史にも残る数多くの実績を上げ、近畿の成長を力強く牽引してきた。そんな山田の活躍をすぐ側で見つめ、支えてきた4人の部下たちが、近畿時代の思い出を振り返りつつ、山田の魅力を語り合った。

柴田嘉信 しばた・よしのぶ
1958年（昭和33年）入社。1970年（昭和45年）からパッケージ旅行を専門に取り扱う有楽町営業所（東京海外旅行センター）所長に就任、数年間にわたりJALパック販売日本一を達成。最終経歴はKNTシンガポール社長。定年退社後はアジア専門の旅行社「ツアーネットワーク」を設立。

備後馨 びんご・かおる
1959年（昭和34年）入社。1966年（昭和41年）に航空旅客営業部配属となって以降、山田に付いてハローワールド・全日空ワールドと転籍、33年間行動を共にする。山田の全日空ワールド退社と同時に自身も同社を退社。最終経歴は取締役営業管理部長。

大塚俊彦 おおつか・としひこ
1965年（昭和40年）入社。1968年（昭和43年）に航空旅客営業部配属となって以降、途中3年間のブランクを挟んで計31年間にわたり山田の直属の部下として、主に旅とエンターテイメントを融合させた大型団体企画を担当。最終経歴は全日空ワールド執行役員。定年退社後はエンターテイメント・エクスプレス社を設立。

岩本隆治 いわもと・りゅうじ
1960年（昭和35年）入社。虎ノ門航空営業所では所長代理、航空旅客営業部では営業課長として、上司の山田をサポート。最終経歴は常務取締役。定年退社後は神奈川県在住の旅行業・航空会社OBの集まりである「神奈川フォーラム」を創設、代表幹事を務めている。

山田さんは上司として、もっとも尊敬できる人。

岩本 僕が初めて山田さんに会ったのは、確か山田さんが大阪航空営業所の係長だった1961年（昭和36年）頃だと思います。僕は当時、東京の営業所で帝人を担当していたんですが、たまたま何かで山田さんと一緒になったとき声を掛けられて、「おう、お前も帝人担当か。俺もそうや。でも帝人の本社は大阪やから俺のほうがエライな」と言われたのを覚えてます（笑）。その後、虎ノ門航空営業所では山田さんが所長で僕が所長代理、航空旅客営業部では山田さんが部長で僕が営業課長、という立場でした。山田さんには「旅行業は人に感動を与える仕事だ」ということを、身をもって教えてもらったと思います。

柴田　僕は今日のメンバーの中では唯一、山田さんの直属の部下になったことはないんですが、1970年（昭和45年）から有楽町にあった東京海外旅行センターの所長として海外旅行のパッケージツアーを売っていたので、山田さんにはとてもお世話になりました。そもそも私を東京海外旅行センターの所長に推してくれたのも、当時航空旅客営業部の部長だった山田さんなんです。その頃、近畿というとアフィニティやオウンユースのチャーター便、つまり団体旅行のイメージが強かったんですが、山田さんが「これからは個人旅行パッケージツアーの時代だ。有楽町の交通会館1階にある店舗を広げて海外旅行センターを作るから、お前、所長として責任もってやれ」と言われて。その後、その店は近畿社内でもトップクラスのパッケージツアー販売拠点になりました。

備後　私は39年間の会社員生活のうち、33年間が山田さんの直属の部下という、筋金入りの山田ファンです（笑）。1966年（昭和41年）に航空旅客営業部配属になって以降、山田さんが近畿の出資を得て新会社のハローワールドを立ち上げたときも、そのハローワールドを全日空が子会社化して全日空ワールドになったときも、いつも山田さんと一緒に転籍して、ずっと山田さんの下で働いてきました。

私が一番最初に山田さんに会ったのは、同じ部署に配属になる2年くらい前。山田さんが企画した学生の世界一周旅行に、添乗員として参加したんです。その企画は申込人数が予定より少なくて赤字になりそうだったので、会社からは「中止にしろ」と言われたんだけど、山田さんは「絶対やる。要は赤字じゃなきゃいいんだろう」と言って、実家からお金を送ってもらって旅行を強行したんです。最終的には現地での経費を抑えたりして、赤字は免れたんですけど、そのときの印象は強烈で、すぐに山田ファンになりました。卓越したリーダーシップを持っていて、ときには部下のために体を張って上層部ともケンカする、上司としてもっとも尊敬できる人ですね。だから山田さんが近畿を辞めてハローワールドを作ったときも、すぐに山田さんについていくと決めました。その頃の私は、高倉健の「網走番外地」とか任侠ものが大好きだったので、山田さんを一人で殴り込みに行かせてなるものかと。映画では健さんが一人で殴り込みに行こうとすると、池部良がスッと助っ人に入ってくるんだけど、自分も池部良になった気持ちでした（笑）。山田さんと一緒に小さい会社でがんばるのも、面白い賭けだと思ったし。

大塚　備後さんは山田さんが「右向いてろ」と言ったら、1年間でもずっと右を向いてるような人ですからね（笑）。でも、備後さんのおっしゃるとおり、山田さんの人心掌握力や交渉力、実行力は、近畿の中でもずば抜けていたと思います。営業部長というトップにありながら現場の業務にも精通しているし、そのうえ数字に強くて旅行の知識も豊富で、卓越したアイディアマンでもある。実際、山田さんの打ち出したアイディアで、近畿はどんどん変わっていきました。

たとえば山田さんが航空旅客営業部の部長になる前は、各営業所は特に方針も決めず、てんでんばらばらに団体営業をかけていたんですよね。でも山田さんが部長になってからは、営業所ごとに予算をきっちり決めたうえで、ここは団体、ここは個人、ここは出張というように、ターゲットとなる顧客層を明確に方向付けしたんです。そして半年に一度、全国の営業所から社員を集めて販売会議をやり、営業本部の方針を示しました。近畿の営業力を強化するうえで、こういった体制作りはとても大きかったと思いますね。

あと「ツアーディレクター制度」といって、入社したばかりの新入社員に1年間、海外旅行の添乗員をやらせたり。右も左もわからない新人をいきなり海外に行かせるなんて、普通は無謀だと思うけど、山田さんは「海外を見てくりゃ仕事はできるようになるもんだ」って言ってね。確かに、そうやって1年も海外添乗すると、お客さんへの対応もうまくなるし、海外の知識も増えて、仕事に自信がついてくるんですよね。ディレクター制度では、特定の国や業界に精通したスタッフを育てる「国別ディレクター制度」や「業種別ディレクター制度」もあって、僕も業種別ディレクター制度で弱電（家電）業界を研究しました。そのおかげで、パナソニックとか大手メーカーからもたくさん仕事をもらいましたよ。

柴田　そういえば、旅行業界の中で女性社員を積極的に活用する道筋を付けたのも、山田さんが最初ですね。あの当時、女性社員は主にデスクワークが中心で、女性がお客さんに直接海外旅行商品を売るなんてありえませんでした。そもそも、各営業所にも女性は1割くらいしかいなかったし。でも、そんな時代に山田さんは「若い女性社員を使え」と言ったんです。最初は僕も戸惑いましたが、実際に女性に仕事を任せてみて、女性の力はすごいなと思いました。女性はお客さんの話を親身になって聞くからフォローがうまくて、次の旅行の予定まで聞き出しちゃうんです。僕の部下だったハワイ担当の女性は、年間1000名のお客さんをハンドリングしていました。これはなかなかできることじゃありません。そういった女性の力を積み重ねることで、有楽町の東京海外旅行センターはＪＡＬパック販売ナンバーワンになれたんだと思います。添乗員も当初は男性だけだったのを、山田さんが女性添乗員に「ホリデイガール」と名付けて海外添乗させて、それもまたお客さんに好評でした。女性が一生懸命にがんばってくれれば、会社の業績は向上するんだということを教わりました。

旅行業に必要なのは「旅は感動だ」という情熱。

大塚　「ホリデイガール」もそうだけど、山田さんは言葉の達人でもありますよね。人の印象に残る言葉を思いついたり、選んだりするのがうまい。社内でも「旅行会社は感動製造販売会社だ」なんてスローガンを唱えさせられて、最初は「つまんない言葉だなあ」って思ってるんだけど、毎日言わされているうちにだんだん「これでいいのかな」って洗脳されてしまう（笑）。地球人学校の名前を決めるときも、何度候補を出しても山田さんに「こんなんじゃダメだ」と却下されて、決まるまでにものすごい時間がかかりました。最後の最後に「地球人学校」を持っていったら、「よし、これでいけ」と即決してね。そういう選択眼も鋭いですね。

柴田　僕は山田さんの一番の偉業は、近畿、ハローワールド、全日空ワールドと、ずっと予算を達成し続けたことだと思います。それも自分自身が売るんじゃなくて、部下にきちっと予算を立てさせて、達成させるんだからすごい。ただその分、予算必達に関しては異常なくらい怖かったですね。あるとき航空旅客営業部の会議で、目標の予算にほんの数万円達しなかった部下がいたんだけど、その人に向かって「バカ野郎、そのくらいの金額は○○助（売春婦の蔑称）でも稼げるわ、ドアホ！」って怒鳴りつけていて、僕はびっくりしましたよ（笑）。

大塚　その一方で、茶目っ気やユーモアもあるんですよね。僕は一度、銀座で取引先を接待して、一晩で27万円使ってしまったことがあったんだけど、翌日おそるおそる山田さんに領収書を持っていって、「すみません、使いすぎました」と言ったら、黙ってハンコを上下逆さまに押してくれました。「俺は見てないからな」ってことなんでしょう（笑）。出社時間もいつも午後だから、僕らも山田さんが会社に来るまでに行けばいいので、その点は気楽でしたね。その代わり、夜は遅くまで会議で絞られましたけど。あの頃の近畿の航空旅客営業部には「9時～5時で会社に行って、与えられた仕事だけやってればいい」なんて人はいませんでした。

岩本　当時に比べると、今の旅行会社には「旅で感動を与える」ことができる人が少なくなったようにも感じますね。営業はインターネットや新聞広告、ダイレクトメールが主流になって、団体旅行を取り仕切れる営業マンがいなくなっちゃった。

備後　そもそも、営業マン本人が感動しないものを売って、お客さんに感動を与えられるわけがないんですよ。旅行会社の人間は目を輝かせて、お客さんに「本当にこの観光地は素晴らしいんです」って言えるようでないと。

柴田　旅行会社の側に「旅は感動だ」という情熱が欠けているから、お客さんに旅の魅力が伝わらなくて、インターネットで売っている「価格ばかり安くて中身のないツアー」に人が集まったりしちゃうんでしょうね。そのツアーを選んだのは確かにお客さんかもしれないけど、本来は旅行会社がもっと情熱を持って、きちんとツアーの内容を説明していくべきなんです。これから旅行業界を背負っていく若い人たちには、ただ「旅を売る」のではなく、「お客さんに旅を通じて感動を与えるんだ」という気持ちを持って、仕事に取り組んでほしいと思います。

大塚　加えて、今後は「旅行会社がインターネットに負けない方法はあるのか」についても、真剣に考えていく必要があると思います。そのためにも、山田さんにはまだまだ旅行業界のオピニオンリーダーとして発言してもらわなければ。いま塾長を務めている旅行産業経営塾も、ぜひ続けていってもらいたいですし。

備後　そういえば、77歳の喜寿記念パーティでは「米寿までがんばる」って言ってましたよね。山田さん、約束通りあと10年はがんばってくださいよ！（笑）

第5章

グアムを東洋のマヨルカ島に!

山田、ハローワールドを立ち上げる。

近畿退社のつもりが一転、新会社設立へ。

僕がサラリーマンになったのは、「いつか社長になりたい」という夢があったからです。最初はもちろん、近畿でその夢を叶えるつもりでした。でも、チャータービジネスを軌道に乗せて、航空旅客営業部の売り上げが伸びるのに反比例して、社内での僕の居心地はどんどん悪くなってきたんです。一生懸命に座席を売れば売るほど、社内の他部署からの反発が強くなる。そのうえ、大成功を収めた「トリプルナイン」に対しても社内外から物言いがついて、僕は次第に近畿という会社が嫌になってしまいました。

当時、近畿には営業部が11部門あり、10部門が地域別の営業本部、残りの一つが山田率いる航空旅客営業部だった。航空旅客営業部が統括する人数は、営業部全体でみれば10パーセント程度に過ぎなかったが、利益のうえでは全体の25パーセントを稼ぎ出しており、名実ともに近畿を代表するセクションといえた。だが皮肉なことに、その営業成績の良さこそが、他の営業本部からの反発と妬みを招く原因となったのである。

以前から僕を可愛がってくれていた馬場専務は、その頃は近畿の副社長になっていたんだけど、副社長がことあるごとに「航空を見習え」って、他の営業部長を怒るんですよ。そうすると彼らは立場がないから、次第にひねくれて「何が航空か」と反発するようになる。「俺たちが地道に商品を売ってるところに、あいつらはバーンと安いチャーターを出してきて、勝手に客を持っていきやがる」ってね。本来なら営業部長会議では、もっとも利益を上げている僕が一番でかい面してていいはずなのに、他の10人がみんな僕を責めるもんだから、どうにも居心地が悪くてねえ。

そんな中で、僕に近畿退社を決意させる決定的な事件が起きました。僕らが1971年（昭和46年）に実施した「トリプルナイン」に対して、JTBが「ダンピングだ」と文句を付けて、日本旅行業協会（以下JATA）に訴えたんです。JATAから「ダンピングはいかん」と叱られましたが、僕は堂々と「トリプルナインはダンピングじゃありません」と主張しました。そもそもダンピングとは「自分の利益を削って不当に安い価格で売ること」であって、近畿は9万9900円で売ってもきちんと利益は上げているんだから、これはダンピングではない、れっきとしたビジネスです。だいたい自分の頭も使わない、度胸もない人たちにダンピング呼ばわりされるなんて、ふざけんじゃねえってなもんですよ。でも近畿の社長は「山田くんの意見は正しいけど、業界の秩序も大事にしないと」なんて言う。僕は「秩序なんて関係ねえ、JTBはてめぇが負けたからグダグダ言ってるだけじゃねえか。そもそもなんでJATAがうちに文句を言うんだ、JATAは海外旅行客を増やすための団体なのに、何千人ってお客さんをハワイに送り出してる近畿を非難するのはおかしいだろうが。謝る必要なんかない」と言い張って、絶対に謝りませんでした。

でも、社長はJATAに謝っちゃったんです。それを聞いて僕はもう、情けなくってね。「なんだこの会社は。こんなとこ、もう辞めたる」と決意しました。それで1971年（昭和46年）の7月7日に、その頃体調を崩して自宅療養していた馬場副社長の自宅に辞表を持っていったんです。僕の直属の上司は馬場副社長ですから。そして「俺らは絶対に間違ってないのに、社長がJATAに謝ってしまった。もうこんな会社辞めます」って言いました。馬場さんは「お前がこんなもの持ってくるとは思わなかった」と驚きながらも、「山田、会社を辞めて何をやりたいんだ」と聞いてきました。僕はその頃絵画がブームだったので「絵画の輸入をやります」と答えたら、「アホかお前。何の知識もないくせに絵の仕事なんかできるわけないだろう。本当は何をやりたいんだ」と問い詰められてね。ずっと心の奥にしまっていた本音を、初めて口にしました。

「ホンマにやりたいのは、チャーターオペレーターです。単に飛行機の座席を買うんじゃなくて、飛行機を丸ごと1機借りて、ひまわりマーク（近畿の社章）を付けて世界の空を飛ばしたい」

これはインダイレクト・キャリアとかウェット・リースと呼ばれるもので、要はチャーターした航空機を使って、自社運航する仕組みです。実は僕は、その年の2月から始まった全日空国際線チャーターの送客を手がける中で、次第に「近畿ブランドの飛行機を飛ばしたい」という気持ちが強くなっていました。でも、今でこそスカイマークやジェットスターのように、新しい航空会社もどんどんできているけど、当時は自分で航空会社を起こすなんてとても無理だったから、やるとしたら既存の航空会社から飛行機を借りて飛ばす、ウェット・リースしかない。それを聞いた馬場さんは、「そうか、だったら金は近畿が出すから、チャーターオペレーションの会社を作ればいい」と言ってくれたんです。

結局、僕はその日で会社を辞めるつもりだったのに、事態は一転、翌日から新会社設立の準備に奔走することになりました。そしてその年の10月、近畿社内に新会社設立を前提とした「プロジェクトセンター」が設立されて、僕をはじめ航空旅客営業部の中心メンバー7人がそこに集結したんです。人数こそ少なかったけれど、みなチャーターオペレーションに精通した者ばかり。その7人を中心に、新会社設立の準備は着々と進んでいきました。

山田が独立を決意した頃（1970年代前半・昭和40年代後半）の日本は、ジャンボジェット機B747の登場、団体割引航空運賃の導入、旅行斡旋業法の改正による新しい「旅行業法」の施行など、旅行業を取り巻く環境が一気に変わっていった時代でもあった。1972年（昭和47年）には海外渡航者が初めて100万人の大台を突破し、前年比45パーセント増の139万人を記録。日本に本格的な海外旅行ブームが到来し、旅行会社の役割も「交通機関や宿泊施設の手配業」から「旅行商品を販売する旅行業」へと移っていった。山田はこれらの時代背景を睨みつつ、新会社での具体的なビジネスモデルを練り始める。

会社を作るにあたって、まず最初に考えたのが「機材のユーティリティ」でした。これは「飛行機1機をいかに有効に動かすか」ということ。このときはBAで路線を引いている専門家に来てもらって、「日本を起点にした場合、もっともユーティリティの高い路線はどこか」を考えてもらいました。そこでわかったのが「ハワイ便往復と、日本から3時間以内の場所への便を組み合わせるとユーティリティが最大に上がる」ということ。これは路線を引いた専門家自身も意外だったらしくて、とてもびっくりしていましたね。

そこで新会社では、以前から付き合いの深かったBAと、国際線チャーター便が縁で仲良くなった全日空に5パーセントずつ株を持ってもらって、機材は全日空の飛行機を借り受けて、ハワイ便と、日本から3時間以内の場所（香港とかグアムとか）を組み合わせた路線を飛ばす、という作戦を考えました。でも、最終的にはBAも全日空も話がまとまらなくてね。とりあえず近畿のお金で会社を興そう、ということになって、僕自身も新会社の株式を10パーセント持ちました。

ただ、このとき僕は社長にはなれなかったんですよ。馬場副社長が「お前はまだ若いし、今後はよその旅行会社にも席を買ってもらうわけだから、あまり近畿色を出さないほうがいいだろう」と言って、当時立正学園長だった教育家の小尾《おび》乕雄《とらお》先生に「社長になってください」と頼んだんです。小尾先生は、東京都教育委員会の教育長を務めていたとき「学校群制度」を導入したことでも知られる有名な教育家でしたが、とても気さくな方でね。「僕は民間のことはよくわからないけど、なんか面白そうだね」と言って、気軽に参加してくれました。僕も小尾先生に社長をお願いする以上、先生の名前を汚すようなことはできないと、固く心に誓ったものです。

そんなわけで社長は小尾先生、僕は常務取締役で、いよいよ会社を立ち上げることになりました。その頃、近畿の社内では「山田は馬場副社長にヨイショして会社を作ってもらって、常務になりやがって」なんて陰口も叩かれましたけど、僕自身はヨイショした事実なんて一度もないから、ぜんぜん気にしませんでしたね。

プロジェクトセンターの設立から約1年後の1972年（昭和47年）10月、僕らの新会社「株式会社ハローワールド（HALLO WORLD）」が誕生しました。会社名に使った「ハロー」は、実は近畿時代から頭にあった名前です。以前、近畿で自社ツアーの名称を決めるとき、契約していた広告代理店から挙がってきた中に「ハロー」という言葉があって、これは動きがあっていいなあと。ただ、そのときは結局「ホリデイ」という名前が選ばれたので、「じゃあハローは取っておいて、次の機会に使おう」と思っていました。僕は当時からチャーター便で自社ブランドのツアーを作って、それを他の旅行会社にもホールセール（卸売り）する時代が来ると思っていたので、そうなったらそっちのツアーを「ハロー」にしようと考えていたんです。だから、新会社のツアー名は「ハローツアー」。会社名のほうは「ハロー」と、ディズニーワールドからヒントを得た「ワールド」を組み合わせて、「ハローワールド」に決めました。

そしてハローの英語表記を「ＨＡＬＬＯ」にしたのは、これはわざとです。よく「綴りが間違ってる」と指摘されましたけど、これはこれでいいんです。だって、会社名を英語で書くときに綴りが「ＨＥＬＬＯ」だと、最後の「Ｏ」が抜けたり「０（ゼロ）」に見えたりした場合、うっかり「ＨＥＬＬ（ヘル＝地獄）」と読まれかねないでしょう。旅行会社で「地獄」はないだろうってことで、あえて「ＨＡＬＬＯ」にしたんです。ま、一種の縁起担ぎですね。

ちなみに、創業時にＢＡの日本支社長にこの社名を伝えたら、彼が「それはいい名前だ」褒めてくれて、「Say HALLO and hear the WORLD echo」という素敵なキャッチフレーズまで考えてくれました。これは言ってみれば「ハローを世界に広げよう」というような意味ですね。僕は嬉しくってね、この言葉を名刺やレターヘッドに刷って、ずっと使っていました。これはハローワールドとＢＡの仲がよかったことの象徴ともいえます。

さて、もともと僕がハローワールドを立ち上げたのは、インダイレクト・キャリアとしてチャーターオペレーションをやるためです。本来ならば、会社を作ってすぐに取り組みたかったんですが、当時はまだまだ機材の絶対数が足りなくて、すぐに飛行機を借りることができませんでした。といっても会社は作っちゃったわけだから、なんとかメシを食わないかん。いまさら近畿の仕事を横取りするわけにもいかないし、どうしたもんかなあ、と思っていたところに声を掛けてくれたのが、日本航空にいた昔からの友人でした。彼が「學さん、メシ食うアテがないんなら、うちのグアム便をやらないか」と誘ってくれたんです。

この頃、グアムはPAと日本航空が定期便を出していて、ハネムーン・デスティネーション（新婚旅行先）としてはそこそこ知られつつあった土地でした。ただ、現地にはまだたいしたホテルもないし、ハワイに比べてグアムは圧倒的に知名度が低いので、JTBも近畿も積極的にはツアーを作らない。ツアーをやってるのはJALパックくらいで、なかなか座席が埋まらないから、席を毎便80席買ってくれないか、という相談でした。彼は「もちろん、うちも手助けするからさ。日本航空に近畿やJTBからグアム便の予約が入ったら、その手配は全部ハローワールドに回すから」と言ってくれました。僕も「どこもやってないんだったらうちでやるか。別に誰からも文句言われる筋合いはないし、メシも食わないかんし」と思ったので、彼の勧めどおり毎便80席を買い取って、ハローツアーのブランドでパッケージツアーを作って売ることにしました。これは結果的に、ハローワールド創業後しばらくの間、会社の経営を支える大きな柱になってくれましたね。

また、日本航空のグアム便を手がける中で、角栄建設というところから「グアムに会員制のホテルを作ったから、会員に対する送客のシステムを作ってくれないか」という依頼も入ってきました。このとき僕は角栄建設に出向いて、社長に「システムはいくらでも作りますが、そのアイディアを持って他社に行かれては困ります。送客にハローワールドを使うかどうかを決めるのは後でいいので、まずは送客システムの企画自体を買ってください。その後は送客にどこの旅行会社を使っていただいても結構ですから」と話しました。そうしたら社長は「わかった、それは当然だ」と即決して、送客システムを200万円でぽーんと買ってくれた。まあ、もともとグアムへの送客はどこの旅行会社を使おうが、日本航空の席なら全部ハローワールドで押さえてるわけですけどね。結果的には「送客もハローワールドに頼みたい」ということになって、1974年（昭和49年）から会員制ホテル「グアムカクエイ」への送客も、ハローワールドで手がけることになりました。これもまた、創業してまもない会社にとっては、実に大きな収入源になりました。

そうそう、収入源といえばもう一つ、初期のハローワールドの経営基盤を支えてくれた仕組みがあります。僕らが会社立ち上げと同時に展開した「ハローツアー積立」は、相互銀行（1990年代前半まで全国各地にあった中小企業向けの銀行）で積立口座を作って、海外旅行に行くためのお金を積み立ててもらう、という会員制システムでした。積立を始めて半年経ったら、どこでも好きなところに旅行に行けて、残りの旅費は帰国後にゆっくり後払い、という仕組みです。当時は大卒サラリーマンの初任給が7万円で、ハワイ5泊6日の旅費がだいたいその倍の14万円ですから、正直、海外旅行はまだまだ「憧れ」の存在でした。でも一度に14万円用意するのは無理でも、積立方式ならなんとかなる。僕らは全国の相互銀行を行脚して、ハローツアー積立の口座開設に協力を求めて回りました。結果的に1973年（昭和48年）7月の取り扱い開始から半年間で、約7000人の申し込みを獲得することができた。これはハローツアーの利用者層を拡大するうえでも、とても大きな後押しになったと思います。

ハローワールドがグアムカクエイへの送客を始めた1974年（昭和49年）は、前年秋に起きた第一次オイルショックの影響で景気が冷え込み、海外旅行者も前年に比べるとわずか2パーセント増の約234万人にとどまっていた。だが、ハローワールドの業績は順調で、チャーターのほか、旅行代理店向けに航空券とホテルを組み合わせたユニット「ハローGX」の販売も開始。グアムカクエイへの送客も含め、この年の営業収入は前年比300パーセント増を記録した。そんな中で山田が強く意識していたのが、「グアムを日本人の新たな観光地に育てる」ということだった。

とにかく、その頃のグアムは今みたいにメジャーな観光地ではなかったですからね。日本からグアムに初めて飛行機が飛んだのは1968年（昭和43年）ですが、その年の日本からグアムへの送客数は、1年間でたったの6300人でした。僕らが日本航空の座席を買い取ってツアーを始めた1972年（昭和47年）時点で、ようやく約10万人。今では毎年100万人近くの日本人観光客が訪れるグアムですが、最初はそれくらい少なかったんですよ。

そもそも観光地というのは、観光客が35万人を超えないと、さまざまなエンターテインメントが成り立たないと言われています。グアムは今でこそ韓国や中国から訪れる人もいるけれど、当時は観光客として期待できるのは日本人しかいなかった。だとすれば、グアムにおける第一の目標は「日本人観光客35万人」です。そのとき、僕は「グアムを日本人にとってのマヨルカ島にするぞ」と決めました。マヨルカ島はスペインにあるリゾート地で、一年中太陽が照りつける常夏の島です。冬になると北欧の人たちがチャーター便でぼんぼんやってきて、日光浴を楽しんでいる。僕らも日本からグアムにチャーター便を飛ばして、グアムを日本のチャーター・デスティネーションにしようと決意しました。

正直、僕自身も日本航空の友人から話が持ち込まれるまでは、グアム島なんてまったく興味がなかったけれど、実際に行ってみて「ここなら絶対にマヨルカ島になれる」と確信しました。当時のグアムは環境的にはまだまったくのド田舎で、夜は真っ暗だし、ホテルだってせいぜい東急ホテルくらいしかなくて、とてもリゾートといえる場所ではなかった。でも、やっぱり常夏の島だから気候はいいし、日本から3時間と近いし、おまけにデューティフリー（免税）ときている。ここなら日本人観光客35万人は絶対に達成できる！と思ったんです。最終的には1986年、全日空がグアムに定期便を飛ばすようになった年に、グアムの日本人観光客は32万人を記録し、僕の第一目標は達成することができました。その後、1996年（平成8年）には日本人観光客が100万人を突破して、僕も2002年（平成14年）3月にグアム政府から名誉市民賞（Ancient Order of the Chamorri）をいただきました。

「グアム島マヨルカ計画」を掲げた山田は、グアム島の魅力をより多くの日本人に知ってもらうべく、普通の観光客以外の層にもアピールできる商品を作ろうと考える。そこで登場したのが、子ども向けのグアム版林間学校ともいえる「地球人学校」であった。最初は「グアム行きの座席を埋めるため」に出てきたアイディアだったが、結果的にこの企画はグアムという観光地のみならず、ハローワールドという会社にとっても、大きな意義をもたらすものとなったのである。

2002年グアム政府から、グアムの観光促進の功績を称え、名誉市民賞を顕彰されたときの賞状。

第6章

偏差値のない遊びの学校、開校

山田、グアムに地球人学校を作る。

地球人学校はハローワールドのＦ１だ！

僕がグアムの「地球人学校」を思いついた最初のきっかけは、ごくごく単純なことでした。まず、当時はまだグアムの知名度が低かったので、他の路線は混雑する真夏のオンシーズンでもグアム便はガラガラで、なかなか席が埋まらない。空席ばかりの飛行機を飛ばすのももったいないから、いっそ夏休み中の子どもたちを集めて、グアムで林間学校みたいなものをやったらええんちゃうか、と考えたんです。それともう一つ、個人的な理由もありましてね。この頃の僕は仕事一筋で、二人の娘に対しては父親らしいことをなにもしてあげられなかった、という思いを抱いていました。特に下の娘は小学4年生で、遊びたい盛りのはず。よし、じゃあグアムの林間学校を小学4年生から中学3年生まで参加できるプログラムにして、娘をグアムに連れて行ってやろう、と思いました。上限を中学3年生までにしたのは、高校生になると色気が出てきちゃうから。この年齢区分は、あとで文部省の人に「なかなかいいセグメントですね」と褒められたけど、何のことはない、たまたま自分の子どもがその年齢に当てはまっていただけです（笑）。

「地球が教室、先生は地球、教科書も地球」をテーマに掲げ、「子どもの心に冒険心と自立心を養う」ことを目標として、1975年（昭和50年）に開催されたグアムツアー「地球人学校」。世の中は受験戦争が激しくなり、子どもたちは偏差値教育の中で遊びよりも塾通いを強いられ、学校でもゆとりのない画一的な教育が行われていることが問題視された時代だった。またいっぽうで、日本社会は国際化の時代に突入し、海外生活経験や語学力を重視する風潮も顕著になりつつあった。そんな中、グアムの豊かな海と自然を舞台に「偏差値のない遊びの学校」を提唱した地球人学校が大きな注目を集めたのは、ある意味当然のことといえるだろう。

グアム版の林間学校を開催するにあたり、まず最初に悩んだのが名前でした。部下たちが「冒険学校」とか「冒険教育」とかいろんな名前を持ってくるんだけど、どれもぜんぜんピンとこない。「あかんあかん」と次々に却下している中で、ふいに「地球人学校ってのはどうでしょう」って案が出てきて、聞いた瞬間「それや、それで行こう！」と即決。もう直感ですね。これで「地球人学校」という名前が決まりました。

この「地球人学校」は、財団法人日本余暇文化振興会が教育プログラムとして運営し、ハローワールドが輸送を担当する、という形で行いました。日本余暇文化振興会というのは、

「生涯教育をテーマに、余暇を活用した文化活動について研究する」という主旨の団体で、実は僕自身も設立に関わっていたんです。当時は「余暇」という言葉に注目が集まっていて、僕もかねてから「旅は生涯教育だ」と考えていたから、この団体を通じて何か面白いことができたらいいな、と考えていました。それで地球人学校をやるとなったとき、ここが運営元になるのが一番いいと判断したわけです。パンフレットにも日本余暇文化振興会の名前を明記して、「これは旅行商品ではなく、子どもに対する教育プログラムです」とアピールしました。

ただ、日本余暇文化振興会は野外活動のプロってわけじゃないから、実際に子どもたちをグアムに連れて行って遊ばせることはできない。じゃあどうすればいいかと考えていたとき、たまたま知り合いから中島宋松《くにまつ》くんというマンガ家を紹介されたんです。中島くんはマンガ家だけど冒険家でもあり、ダイビングの免許も持っていて、無人島で生活した経験もあるという。彼に地球人学校のビジョンを説明したら、向こうもとても乗り気になったので、「こりゃあいい」と彼を現地の校長先生に任命し、一緒に現地に飛んで下見をして、具体的なプログラムを考えてもらいました。

グアムで下見を終えた彼が言うには、まずは泳げない子を泳げるようにしなきゃいけない、そのために最初はホテルに3泊して、徹底的に泳ぎの練習をさせる、と。泳げない子も、必ずシュノーケルを付けて泳げるようにする。そのあとイナラハンという村に移動して、その村で4泊キャンプする。イナラハンはグアムのスペイン統治時代にできた村で、とてもきれいなところなんだけど、当時はココス島に行くバスの通り道になっているだけで、誰も足を止めないから村にお金が落ちないんですね。中島くん曰く「ここは浅瀬もあるし、小さい島もあるし、キャンプするには最高だ」と。村にしても、地球人学校がキャンプを張ることで村にお金が落ちれば嬉しいわけで、ぜひ来てくださいと言ってくれました。両者の思惑が一致したところでキャンプ場も確定し、7泊8日の全行程の完成です。現地で子どもたちを指導するカウンセラースタッフは、中島くんが自分の冒険仲間を集めてきてくれることになりました。

内容が決まったら、次はパンフレットです。普通、旅行のパンフレットは写真中心で作るものですが、今回は初めてなので「前回開催したときの写真」というのもないし、何よりせっかくマンガ家が校長先生なんだから、マンガで作ったらどうだ、という話になって、中島くんに描いてもらうことにしました。彼に頼んだら「描くのはいいけど、マンガの謝礼は別に用意してくれ」と（笑）。それはもちろん、ということで、ハローワールドのすぐ近くのホテルオークラに部屋を取って、売れっ子マンガ家のように缶詰になってもらったんだけど、これが3日経っても4日経っても、いっこうにできあがってこないんだよね。酒ばっかり飲んで、メシばっかり食いやがって。最後は「中島くん、早くしてよ」っ

地球人になる。
教室は地球
先生は地球
教科書は地球

「地球人学校」のコンセプト。

てせっついて、ようやく描き上げてもらいました。パンフレットには滞在中の活動内容が全部マンガになって盛り込まれていたので、新聞を広げたくらいの大きなサイズになっちゃったけど、とても面白くてね、見た瞬間にワクワクしました。今見ても、すごくいいパンフレットだと思います。

さて、パンフレットもできた、次はいよいよ「どうやって売るか」です。日本余暇文化振興会にもハローワールドにも余分な金はないから広告は出せないし、そもそも普通に広告を出したところで、単なる「子ども向けの旅行」としか思われない可能性も高い。この企画は親にきちんと内容を説明して、旅の主旨とプログラムの中身を理解してもらう必要がある。ただ、僕らが学校を一校ずつ回って説明して歩くわけにもいかないし、どうしよう?と考えたとき、パッとひらめいたのが「地方新聞社に売り込む」という手でした。地方にはだいたい各県ごとに地元新聞社があって、地域に密着したネットワークを持っています。地方新聞社に「地球人学校を貴社の事業としてやりませんか」と声を掛けたらどうだろう、と考えました。新聞社が主体となって、自社の紙面に記事を載せて地元の子どもたちを集め、グアムに送り込んでくれれば、地球人学校はよけいな広告費をかけずに、日本全国の子どもたちに参加してもらえるというわけです。

では、全国の地方新聞に声を掛けるにはどうするか。一番手っ取り早いのは、広告代理店の電通内にある地方新聞局を通すことです。でも、この企画を電通に渡したら、間違いなく根こそぎ持っていかれる。それじゃ意味がないから、僕らは「電通を使うのはやめとこ。みんなで地方新聞社を歩いて回ったらええねん」って決めて、地道に声を掛けていきました。新聞社で話をすると、記者には必ず「普通の林間学校と同じじゃないんですか？」と聞かれましたが、僕らはそのたび「いや、違います」と力説していました。「子どもたちは日本国のパスポートを持って、個人として独立した立場で参加するんですよ。旅先で気弱になっても、親に簡単に電話もできないんです。これは普通の林間学校とは気構えがぜんぜん違います」とね。まあ、この説明は後付けなんですけど、話に乗ってくれた新聞社は一応みんな納得して、記事にしてくれました。彼らには現地での子どもたちのようすも記事にしてもらう必要があったので、カメラマンと記者各1名は無料招待ということにしました。

ところで、そうやって新聞社に声を掛けていくうちに気づいたんですが、地方新聞社って隣同士は仲が悪くて、一つ飛ばした地域とは仲がいいんですね。たとえば静岡新聞がこの企画をやるとなったら、隣の中日新聞や神奈川新聞は絶対に乗ってこないわけ。ただ、隣同士でも山を挟んでいたり、力関係に圧倒的に差がある場合は大丈夫だったりする。これはたぶん、戦国時代の感覚が残っているんでしょうね。まあ、僕らとしては必ずしも全部の新聞社がやってくれる必要はないし、別にいいかと。最終的には17社が記事にしてくれて、550人以上の小中学生が集まりました。もちろん全員一緒に行くわけにはいかないので、子どもたちを7班に分けて、3日ごとの出発です。

さて、ここまできてハタと困ったのが、子どもたちの送迎でした。出発時は各地の新聞社が子どもたちを取りまとめて、地元の駅から東京行きの電車に乗せてくれる。でも、それを誰が東京駅で出迎えて、羽田空港まで連れてくるのか。逆に帰国後は、どうやって東京駅まで連れていって、各地までの電車に子どもたちを乗せるのか。ハローワールドの社員は当時全部で15人くらいだから、とうてい手が回らない。そこで僕が応援を求めたのが、母校である慶應大学の応援団でした。現役の学生たちに事情を話して頼んだら、彼らはすぐに「わかりました、やりましょう」と快諾してくれてね。子どもたちの出発日や到着日が来るたび、駅や空港にスタンバイして、見事なフットワークで子どもたちを送迎してくれました。

こうして開催された第1回目の地球人学校は、参加者が合計707人にものぼりました。内訳は、主役の小中学生が558人、見学に来た父兄が73人、医師やカウンセラーを含むスタッフが35人、報道関係者が12人、視察が29人です。子どもたちは1班あたり80人程度、それをさらに10名前後のグループに分けて、現地ではグループ単位で集団行動をさせました。同じ学校から参加した友達同士もいましたけど、そういう子たちはあえて別々のグループに入れて、初対面の子ども同士でグループを作るようにしました。

いざ現地に行ってみると、中島くんの言葉通り、最初の3日間で子どもたちは全員泳げるようになりましたね。キャンプでご飯を作るときはマッチや燃料を使わず、森の中から小枝を集めて火打ち石で火をおこしたり、普段やったことのない体験の連続だったと思います。でもみんな本当に一生懸命に、そして楽しそうに取り組んでいました。そうそう、トイレも穴を掘った上に板を渡しただけのシロモノで、これはさすがに子どもたちみんな「怖い」って言ってたな。あと、現地で雇ったガードマンが銃を携帯しているのを見て、子どもたちが「おじさん、銃を貸してよ」って話しかけたり。現地の子どもともバスケットボールを楽しんだりして、仲良くやっていました。

そして地球人学校のハイライトは、キャンプインして4日目、通算で7日目の「地球人まつり」でした。この日には、3日遅れてグアムに来た次の班の子たちがホテルからキャンプに移動してくるんです。先行班の子たちはグループごとに「お店」を開いて、それぞれに工夫を凝らした食べ物や飲み物を提供して、次班の子や村の人をおもてなしする。夜になると焚き火を囲んで、子どもたちや村の人たちが歌や踊りを披露して、キャンプファイヤーで盛り上がります。まつりが終わった日の夜中、先行班の子どもたちが帰国するんですが、村の人たちや同じグループの子たちとの別れを惜しんで、涙を浮かべている子もたくさんいました。

そんな中でも特に僕の記憶に残っているのが、北海道の旭川から参加した小学生の女の子です。この子はとにかく元気でね、ターザンごっこではドえらい高いところからブランコで下りてきたりして、そのうち怪我するんじゃないかと心配していたら、案の定キャンプの2日目にブランコから落っこちて、足の骨を折ってしまいました。もちろんスタッフには医者や看護婦もいるから、すぐに応急処置はできたし、グアムの病院でもちゃんと診てもらったので、怪我自体はさほど大事には至らなかったんだけど、彼女はそれ以降の野外活動がまったくできなくなってしまったんです。それがよっぽど残念だったんでしょう、地元に帰って怪我が治ったら「来年も地球人学校に参加したいから」と言って、自ら新聞配達を始めたというんです。小学生の女の子が、しかも北海道なんて寒いところでですよ。親も「じゃあがんばりなさい」と見守ったという。その子が約束通り2年目の地球人学校に来てくれたとき、僕は本当に嬉しかったです。「地球人学校をやって本当によかった」と、しみじみ思いました。

子どもたちが帰国した後は、親からもたくさんの感謝状が届きました。「子どもが立派になった」とか、「進んで挨拶するようになった」とか、「家のことを手伝うようになった」とか。中には「いただきます、ごちそうさま、という言葉に、今までとはぜんぜん違う気持ちがこもっている」という手紙もありました。キャンプ中に小さい怪我をした子もたくさんいたけど、後から文句を言ってきた家は1軒もなかったですね。地球人学校が子どもたちの自立や自信、希望につながったことが実感できて、僕らも本当にやりがいを感じました。

このような地球人学校のようすは、同行した地方紙や週刊誌の記者によって記事となり、大々的に紹介された。「子どもにかえった子ども」「いじめのない学校」「楽しい遊びの学校」という内容には大きな反響があり、翌年の第2回目にも多数の参加者が集まるなど、プログラム自体は文句なしの「大成功」であった。だがその裏側では、山田たちの顔を青ざめさせる事態が生じていた。プログラムの充実に力を入れるあまり、経費が予想以上にかかりすぎ、プロジェクト全体では5000万円近くの大赤字に陥ってしまったのである。

地球人学校は、参加費を通常のグアムツアーより3万円くらい高い9万7400円に設定していたので、最初は十分ペイできると思っていました。だけど、キャンプに持ち込むテントやベッドが当初予定していたものではチャチすぎて、もっと高価なものに変更せざるを得なかったり、予想外の局面で新たな人手が必要になったりして、どんどん経費がかさんでしまったんです。最終的に、赤字額は4800万円くらいになりました。そのときのハローワールドの資本金は2500万円ですから、さすがに僕も真っ青になりましたね。そのうえ、夏は旅行会社にとって一番の稼ぎどきなのに、この年は地球人学校で手一杯で、他のツアーは一切やってないから、それ以外の儲けもない。さすがの僕も、本気で頭を抱えました。

でも、僕はあのときの地球人学校は、創業間もないハローワールドにとって、なくてはならないものだったと確信しています。もしハローワールドが地球人学校をやらなかったら、その後、ハローワールドという会社自体の認知度も上がらず、全日空から子会社化の声がかかることもなかったでしょうし、もしあったとしても、今のような展開にはなっていなかったと思います。何より僕らは地球人学校をやったことで、旅行業としての誇りを持つことができました。地球人学校を通じて「旅作りとはこうあるべきだ」ということを、社員一人ひとりが確かに学んだと思います。奇しくも地球人学校で校長代理を務めた浜崎という部下が、「ハローワールドにとっての地球人学校は、ホンダにとってのF1のようなものですね」と僕に言ったけど、まさにその通りなんですよ。ホンダが今のような世界的な自動車メーカーになれたのは、F1参戦というチャレンジを通じて、自らの開発力や技術力を磨き、自動車メーカーとしてのアイデンティティを確立してきたからでしょう。それと同じように、ハローワールドも地球人学校をやることによって、「私たちは地球人学校をやっている旅行会社です」と言えるようになったんです。言ってみれば、僕の座右の銘である「旅は人に生きる喜びを与える」を具現化したのが、地球人学校なんですね。僕は今もそう思っています。

とはいえ、現実問題としてみれば赤字は赤字。どうにかしなきゃいけないけど、僕らだけの力ではどうにもならない。困り果てていたとき、救いの手を差し伸べてくれたのが、取引先の航空会社の人たちでした。みんな地球人学校の話を聞いて「學さん、いいことやってくれたな。これこそが旅行業だ」って喜んでくれたんですが、あるとき「ところで儲かってるの」って聞かれたから、正直に「実は大赤字で」と打ち明けたんです。そうしたら、航空業界全体に「學さんの会社が大変らしい」って話がバーッと伝わって。どの航空会社も、その後いろんな形で融通を利かせて、ハローワールドにお金が落ちるようにしてくれました。たとえば飛行機をチャーターするときは、契約上は定員180人弱の航空機を借りる約束にしておいて、当日に「たまたま機材が空いたから」ということにして、ジャンボジェットを回してくれたり。こちらにはあらかじめ「ジャンボジェット分の定員を集めておけ」と連絡が入っているから、僕らは180人乗りの航空機1機分のチャーター料で、ジャンボジェット分の客を運ぶことができる。差額はそのままうちの儲けになるわけです。また、ハローワールドへの卸値が他の中小旅行会社よりも少し安いことに目を付けて、こっそり便宜を図ってくれた会社もありました。他社の取り扱いの客を、その航空会社の社内では「ハローワールドの客」として扱うんです。そうすると、他社に正規のキックバックを払っても少し余りが出るから、それをハローワールドに回してくれる。近畿時代から付き合ってきた航空会社が、みんなそうやってハローワールドを応援してくれました。その結果、地球人学校で作った4800万円の赤字は帳消し、その年は1200万円の黒字決算となりました。最後には各社に「もう大丈夫です、黒字になりましたから」とお礼を言って回ったくらいです。

本当にこのときは、心からありがたかったですね。みんな本当に良くしてくれた。それはなぜかと考えたら、僕が航空会社に対して威張ったことがなかったからかもしれませんね。そもそも僕は、仕事で付き合う人たちから接待を受けたことは一度もないです。よく「山田さんはあれだけのお客さんを航空会社に送客してるんだから、航空会社からのリベートで家の2軒や3軒は建ったでしょう」って言う人がいるけど、そんなこと絶対にありません。航空会社と旅行会社は対等のパートナーであって、どっちがエライというものじゃない。そう思って付き合ってきたからこそ、みんな「山田さんの会社がヤバいらしい」ってなったとき、本気で助けてくれたんだと思います。

そうして始まった地球人学校は、翌年以降も2回目、3回目と続きましたが、最終的には

4回目を終えたところで、いったん中断することになりました。これは1978年（昭和53年）にハローワールドが全日空の子会社になり、全日空以外の航空会社が使えなくなったこと、そしてITC（Inclusive Tour Charter：一般公募可能な包括旅行チャーター）解禁を控えて人手も足りなかったことなどが直接的な理由です。

ただ、4回目くらいになると参加するほうもやるほうもだんだん意識が変わってきて、最初のときのような熱意が薄れてきた部分は、正直いってありますね。いわゆる「魂がない」という状態です。魂がない旅は、人に感動を与えることはできません。あと、地球人学校が話題になった後は、他社から「ちびっこなんとか」なんて類似ツアーが出てきて、げんなりしたこともありました。そっちは単にグアムに子どもを連れて行くだけで、キャンプもやらないで帰ってくるんだから、地球人学校とはまったく違う商品です。でも、価格の安さだけでツアーを選ぶ人には、こういう魂のないツアーも同じものに見えてしまう。ツアーに特許を設定するわけにはいかないから、真似されるのはしょうがないんだけど、ツアーを選ぶ側に見る目がなかったら、本当に中身のあるいいツアーが潰されてしまいます。ツアーを主催する側はもちろんですが、参加する側も中身をきちんと見て、ツアーの善し悪しを判断する力をつけてほしいと思います。

第7章

あなたの街から海外一直線

山田、全日空ワールドで本領を発揮する。

全日空の国際線定期便就航を目指して。

僕らがハローワールドを立ち上げて約6年、社員も最初の7人から倍増してツアー商品も増え、経営が安定してきた頃、ハローワールドに大きな転機が訪れました。1978年（昭和53年）のＩＴＣ解禁に伴って、全日空がハローワールドを子会社化するという話が持ち上がったんです。

ＩＴＣとは従来のアフィニティやオウンユースとは違って、広く一般に宣伝・公募ができるチャーターのことである。ＩＴＣが解禁されれば、全日空としてはチャーターによる海外旅行事業に力を入れる必要が出てくるし、加えてそれを足がかりに、長年の目標である「国際線定期便就航」を実現したいという思いもある。そこで全日空が白羽の矢を立てたのが、近畿時代に全日空初の海外チャーター便を実現させて同社に国際線就航の道を開き、ハローワールドでも優れた企画力と営業力を発揮して、全日空便をはじめとする数々のチャータービジネスを成功させていた山田だった。当初、全日空は山田をハローワールドから引き抜こうとしたが、山田はその誘いをきっぱり断ったという。

全日空からは「ＪＡＬパックのようなチャーターツアーの会社を作りたいから、山田さん、うちに来てくれないか」と誘われました。最初は「そんなもん、行けるわけない」と断りましたよ。俺は近畿に金を出してもらって、ハローワールドという会社を作ってもらった人間です。あのとき後押ししてくれた馬場副社長は、設立の２年後には亡くなってしまったけれど、だからこそ恩ある今の会社をぽーんと放り出して、自分だけ全日空に移るなんてできません。

でも、全日空から「他の人材も探したけど、やっぱり山田さんしかいない。なんとかやってくれないか」と頼まれたので、「じゃあいっそのこと、ハローワールドごと全日空で買ったらどうですか」と提案したんです。今で言うＭ＆Ａですね。僕自身、ハローワールドでひまわりマーク（近畿の社章）を付けた飛行機を飛ばしたいという夢は持っていたけど、それ以前に、近畿で全日空初の香港チャーター便に関わった頃から「いずれは全日空を国際線の会社にして、定期便も飛ばせるようにしたい」という思いはあったし、ＩＴＣのツアーにしても、航空会社の子会社なら親会社とも話し合いながら柔軟に路線を決められるだろうし、いずれにしても僕のやりたかったビジネスに近づくことができる。これなら悪い話ではないと判断しました。当時僕が信頼していた部下たちも、「行きましょう」と賛成してくれました。

それで、近畿の社長にも「全日空からこういう話が来てます。近畿の持っているハローワールドの株を、全日空に売ったらどうですか」と話しました。ただ、こういう交渉は嫁に行く先は安く買いたいし、嫁に出す方は高く売りたい、それが本音ですよね。真ん中に立つ僕としては、値切るのも値切られるのも嫌だったので、「最低値段は僕がつけます。そこから先は社長同士で決めてください」と伝えて、後の交渉は任せました。それで最終的に話がまとまったのが、1978年(昭和53年)9月のこと。ハローワールドは全日空の子会社になり、社名も「全日空ワールド」と変わりました。

全日空ワールドになっても、僕はやっぱり社長にはなれませんでした(笑)。社長に就任したのは、全日空の関連事業室顧問だった藤原亨一さんという人です。彼はとてもりっぱな人で、細かいことは何も言わず、僕を信頼して何でも任せてくれました。いつも「學ちゃん、學ちゃん」って気さくに接してくれて、「學ちゃん、全日空の中で昭和生まれの若い人間だけが役員をやってるのは、この会社しかないよ」なんて話しかけてきたりね。

ただ、彼の下にいた関連事業室長のほうは、「ハローワールドという弱小会社を全日空が買ってやった」くらいにしか思ってなくて、ハローワールドが全日空のチャーター便をばんばん飛ばしてたこととか、何も知らなかったようです。それで株式譲渡の交渉の最中に、僕に対してものすごく失礼なことを言ったんですね。子会社の人間がどうのこうのって。僕はその瞬間にぶち切れてね、「もういっぺん言ってみろ、あんたここに何しにきてるんだ!　俺はハローワールドを買《こ》うてほしいなんていっぺんも言うたことないで。そっちが来てほしいって言ったんやないか、バカ野郎！」と怒鳴りました。相手がびっくりしたところに「あんたがさっき言ったことを訂正するならここで訂正せえ。訂正しないならこの話はナシや」と、ピシリと言い放ちました。いやあ、相手はビビりよったねぇ。全日空にしてみれば、子会社はみんな自分たちにぺこぺこするのが当たり前だったんだろうけど、僕は「なんで子会社が親会社にぺこぺこせなあかんねん。俺はお前んとこから一銭ももろうたことはないわ」って、最初からずっと思ってましたから。だって、全日空の飛行機の座席を買いとって売ってるのは全日空ワールドなんですよ。むしろ全日空がうちに感謝して当然じゃないですか。僕はその後もずっとその調子だったから、全日空社内での評判は悪かったですねえ。「山田は子会社のくせに生意気だ」とか、挙げ句の果てには「山田は態度がでかい、社内を歩くにもそっくりかえってる」とまで言われました（笑）。

これには「俺は背が小さいから、そう見えるだけだ」って言い返しましたけども。

ただ、そうは言いながらも、ハローワールドが国際線チャーターの実績を買われて全日空の子会社になった以上、それまで国内線メインだった全日空を国際線の航空会社にするのが僕の役目だ、ということは、

全日空、海外旅行に進出

近畿日本ツーリストの子会社取得

チャーター旅行販売

日航・旅行各社に衝撃

日本経済新聞が全日空ワールド発足をスクープした。
『日本経済新聞』（1978年9月7日付）

常に強く意識していましたね。そもそも、全日空の定期便を世界各国に飛ばすことは、僕自身の夢でもありましたから。

ただ、そのためにはまずＩＴＣで実績をあげなければならない。どうやってチャーター便を増やそうかと考えて、全日空ワールドが打ち出したキャッチフレーズが「あなたの街から海外一直線」でした。これはどういうことかというと、そもそも当時、国際線の定期便は羽田・名古屋・大阪・福岡のいずれかの国際空港からしか飛べなかったんです。だから定期便を使ったツアーで海外に行こうとすると、まずいったん地元から最寄りの国際空港まで移動しなきゃいけない。でも、ＩＴＣならそれ以外の地方空港からであっても、海外に飛行機を飛ばすことができる。逆に羽田と大阪は日本航空の定期便と競合するので、ＩＴＣは飛ばしちゃいけない決まりになって

1979年、全日空会議室で行われたハローツアー商品発表会。向かって左が山田。

いました。そこで「羽田と大阪以外の全国12空港から、海外の各都市に直行するツアーを作ろう」ということで、さっそくＩＴＣ解禁の翌１９７９年（昭和54年）1月から、地方空港発の海外旅行ツアーを売り出しました。これは自社販売はもちろん、旅行会社への卸売り、つまりホールセールもやりましたよ。このときの行き先は主に香港、マニラなどアジア地域が中心で、ブランド名はハローワールド時代からなじみのある「ハローツアー」を使いました。

ちなみに、ツアーの内容はわかりやすく印象づけるため、コース名を「パピプペポ」で分類しました。「パールコース」は最高級ホテルに泊まって、専任ガイドに案内してもらう超デラックスコース。「ピースコース」は添乗員付きの団体デラックスコース。「プラザコース」は仲間同士で気軽に楽しむエコノミーコース。「ペアーコース」は朝食付きのフリータイム志向コース。そして「ポケットコース」は旅行会社に卸すユニット用のコース。このユニークなネーミングと「あなたの街から海外一直線」というキャッチコピーが注目を集めて、全日空ワールドのＩＴＣハローツアーは大評判となりました。

ーＩＴＣハローツアーの第1便が、１３９人の乗客を乗せて福岡空港から香港に向け飛び立ったのは、１９７９年（昭和54年）4月1日のこと。それを皮切りに全日空ワールドでは、同年だけで合計１５７便、翌１９８０年（昭和55年）には年間で２６８往復（片道５３６便）という大量のチャーター便を飛ばした。実に3日に2往復というハイペースである。

これだけの頻度で飛行機を飛ばしていると、機材のやりくりがうまくいかなくて、途中で乗客を乗せずにカラで移動する便、いわゆるフェリー便が出てしまうこともありました。チャーターの座席は全日空ワールドが全日空からまとめて購入するから、フェリー便が出れば当然こっちが損をかぶることになります。だから、「チャータービジネスが全日空ワールドとして儲かる仕事だったか？」と問われると、単純にＹＥＳといえない側面があるのも事実です。ただ、先に言ったとおり、全日空が国際線の定期便に打って出るには、まずチャーターで実績を積む必要があった。それで僕らも、ときには損を覚悟でばんばんチャーターを飛ばしたんです。

チャーターの座席を売るときは、全日空ワールドでは「売り先を三つに分ける」というルールを徹底していました。座席のうち三分の一は大手旅行会社、三分の一は出発地の旅行会社に卸して、残りの三分の一は自社で売る。大手旅行会社からは「なんで席を三つに分けるんだ、全部こっちが買うから1機まるごと卸せ」と言われたけど、僕は「絶対あかん」と突っぱねていました。それはなぜかといえば、チャーターの座席を1機丸ごと1社に売ってしまったら、その会社で売り切れなかったとき、安売りをしてしまうからです。これが東京なら、少々安売りしても大丈夫なんですが、地方でいっぺん安売りしてしまったら、お客さんは次からは絶対定価では買ってくれない。僕らはこれまでの経験でそれがわかっていたから、安売りのリスクを負わないよう売り先を三分割していました。

それに、どこかの大手に丸ごと1機売るとなると、今回はＪＴＢ、次は近畿、その次は日本旅行って、毎回どこか1社だけが座席を独占することになるでしょう。それでは他の旅行会社がお客さんから相談を受けたとき、すぐに席が用意できない。でもあらかじめ三分の一ずつに分けておけば、お客さんの需要にもスムーズに応えられる。安売りのリスクも回避できるし、こんなにいい方法はないんだ、と説明しました。実際、JALパックでは誰もそんなこと考えてないから、最初は1機丸ごとどこかの旅行会社に売ってしまって、席が取れなかったり安売りになったり、トラブルが頻発したみたいです。それで1年くらい経って、どの旅行会社も「全日空ワールドのやり方が正しい」と認識してくれました。

そうやって2年目には268往復便売ったITCチャーターでしたが、翌年、3年目の1981年（昭和56年）は、急に年間120便ちょっとに激減してしまいました。これは全日空側で海外の定期便が増えて、国内線も増便になって、チャーターに回す機材がなくなってしまったからです。うちは全日空のITCが主力商品ですから、そりゃもう大変でしたよ。そもそもITCは国内の航空会社限定のツアーなので、全日空の飛行機が使えないからといって海外の航空会社から飛行機を借りるわけにもいかない。もちろん日本航空が飛行機を貸してくれるわけないし。創業3年目はえらいピンチでしたけど、このときはBAのヨーロッパ路線の定期便や、NWのハワイ路線の定期便を使ってツアーを作り、それを売ってぎりぎり決算を乗り切りました。その年だけは、例年10パーセントだった配当を8パーセントに減らしたことを覚えています。

その翌年の1982年（昭和57年）も、ITC自体は年間97便と低調のままだったが、苦肉の策で打ち出したBAやNWの定期便によるハローツアーが思いのほか好評を博し、全日空ワールドの売上は前年比30パーセント増を達成した。これらのツアーは東京と大阪から出発するため、地方空港発のITCハローツアーに比べてマーケットが大きく、利用者自体が増えたことが収益増の理由だった。そしてこの年の11月、ついに全日空のチャーター便が、同社初となるアメリカ領土への就航を実現する。それは山田自身もかねてから待ち望んでいた、「東洋のマヨルカ島」ことグアムへの、全日空初のフライトであった。そして1984年（昭和59年）には、全日空のチャーター便はハワイへと路線を拡大。以降、全日空のITCツアーはグアム・ハワイ路線が中心になっていく。

アメリカ領であるグアムとハワイへのチャーター便を実現できたことは、アメリカ路線への定期便就航を目指す全日空にとって、とても大きなステップになりました。もともと全日空は内規によって「アジアの近距離チャーター担当」と定められていたので、アメリカ路線にはなかなか入り込めなかったんですね。航空路線というのは利権なので、国同士の外交なんです。後発の全日空がアメリカ路線に入り込もうと思ったら、まずグアムが最初のとっかかりになる。そこで僕らはグアムの議会にロビー活動をして、「日本航空とは別の航空会社にも日本からグアムへ飛行機を飛ばしてほしい、と決議してくれないか」と頼み込みました。それができたのも、僕らがハローワールド時代からチャーター便をグアムに飛ばしていて、グアムの政財界の人たちと付き合いが深かったからです。グアムとしても、観光客を増やすためには新しい航空会社が就航してくれることが一番だから、すぐに決議をしてくれました。

そういった活動が実を結んで、1985年（昭和60年）12月には航空会社の事業割当を定めてきた「航空憲法」が見直され、全日空の国際線への参入が正式に認められました。そして翌1986（昭和61年）年3月3日、全日空として初めての国際線定期便が、ついにグアムに就航したんです。これは僕自身にとっても、本当に感動的な出来事でした。なんといっても「全日空の国際線定期便」は、全日空初のチャーター便が香港に飛ぶ2年以上前、僕が近畿運輸省に申請の働きかけを始めた当初から思い描いていた、夢の中の夢だったんですから。

そんな夢が叶う瞬間、つまり飛行機がタッチダウンする瞬間をぜひ自分の目で見たいと思った僕は、就航当日、その飛行機よりも早い便でグアムに飛んで、空港で到着を待ちかまえることにしました。グアム空港を管理しているアメリカ軍に許可を取って、滑走路にカメラマンも入れてね、タッチダウンの瞬間を撮影してもらったんです。そのときの写真は、後でグアムの写真集を作るときに使いましたが、本当に思い出に残る一枚となりました。

この年のグアム路線は総需要自体がぐんと伸びて、全日空が新たに参入したにもかかわらず、他社の旅客数もまったく落ちなかったんです。これはつまり、全日空が新しい顧客を開拓したということですから、ずっと「グアムを東洋のマヨルカ島に」と提唱してきた立場としても、とても嬉しいことでしたね。

ちなみにこの定期便が就航したばかりの頃は、成田空港には全日空専用のチェックインカウンターは用意されていませんでした。どうしたもんかと困っていたら、近畿時代から長年付き合いのあるNWが「山田さんが困ってるなら」とNWのカウンターを貸してくれて、急場をしのいだという経験があります。また、このグアム路線以降、全日空が国際線の路線を世界各国に拡大するにあたっては、僕らがハローワールド時代から各地の主要都市に置いていた駐在所（ハワイ、ロス、ロンドン、パリなど）が、準備室として大きな役割を果たしました。こういった働きを見て、当時全日空の会長だった若狭得治さんは、「全日空ワールドは、全日空が世界に進出するための水先案内人だね」と言ってくれました。全日空のトップがそうやって僕らの仕事を認めてくれたことは、僕らとしても実に誇らしかったし、何よりそういう形でハローワールドの経験やノウハウを生かせたというのは、全日空にとっても僕らにとっても、とても意味のあることだったと思います。

全日空の国際線定期便は、3月にグアムに就航した後、同年7月にロサンジェルス、その後ワシントンと、次々と新路線を開拓していきました。それに伴い、全日空ワールドもチャータービジネスからは徐々に手を引き、以降はインハウス・ホールセラーとして、定期便を使ったツアーの販売に切り替えていくことになります。

インハウス・ホールセラーは、直訳すれば「航空会社内で旅行商品を作り、旅行会社に卸す会社」です。全日空は全日空ワールド、日本航空はJALパックがそれに当たりますね。僕らが普通の旅行会社と違うのは、まず一つには、販売は旅行会社への卸売りが専門であるということ。そしてもう一つは、売れる路線のツアーだけ作ってればいいわけじゃない、ということです。インハウス・ホールセラーの最終目的は、親会社である航空会社の座席を埋めること。だとすれば、座席が売れていない路線については、インハウス・ホールセラーが売れるようなツアーを作らなくちゃならない。たとえば全日空の場合、当時アメリカ本土ではロスとワシントンに定期便を飛ばしていましたが、ワシントンはニューヨークと違って観光地ではないので、ビジネス客はいても観光客は少なかったんですね。航空会社というのは、ビジネス客だけでも観光客だけでも成り立たない。観光に弱いワシントン便を強くするにはどうすればいいか、それを考えるのがインハウス・ホールセラーの役目というわけです。普通の旅行会社は、売れない路線のツアーは作りたがりませんから。

そもそも旅行業には、昔から「旅行会社聖域論」というのがあります。航空会社は旅行会社を持つべきではない、ツアー作りは旅行会社に任せるべきだ、という主張ですが、世の中には普通の旅行会社ではリスクが高くてなかなか作れない、手を出せないツアーもあるわけですよ。そういったツアーを作り、新しいデスティネーションを開発していくのも、航空会社のバックアップがあるインハウス・ホールセラーだからやれる、やるべき仕事といえます。航空会社にとっては先行投資ですが、最終的にその路線が売れてくれれば、利益は航空会社に戻ってくるわけですし。

そんな理由もあって、全日空ワールドではその路線が売れる売れないにかかわらず、全日空の国際便エコノミー座席については全便、総座席の25パーセントを買い取っていました。

いや、別に25パーセント買い取らなきゃいけないという決まりがあったわけじゃないんですよ。僕がそう決めたの。負けん気のオッサンの意地です(笑)。全日空の売れない路線を、僕らでなんとかしていかなければという責任感ですね。ただ、逆に25パーセント以上買うこともしませんでした。だって僕らがそれ以上買ってしまったら、他の旅行会社に回す座席がなくなるでしょう。そうすると「全日空はどうせいつも満席だから」って、旅行会社が積極的に座席を売らなくなっちゃいますから。ＩＴＣチャーターのときに座席の販売先を三分割したのと同じ理由です。どこか一か所に偏らせてしまったら流通がおかしくなるので、そこはいつも気をつけていました。

そんなインハウス・ホールセラーの責任を背負って、僕らが新しく開発したのが、ワシントン便を使ったカリブツアーや、ロサンジェルス便を使ったロスカボス(メキシコ)ツアーです。そもそもワシントン便を使う場合、最終目的地はワシントンじゃなくてもいいんですよ。ワシントンから乗り継げる場所で、どこかいいところはないかと探すわけです。その際に顧客ターゲットとして想定したのは、新婚旅行のお客さん達。昔も今も、新婚旅行は海外ツアーの一大マーケットですから。で、新婚旅行でイニシアチブを取るのは女性ですが、80年代以降の若い女性は海外旅行経験も豊富なので、ハワイもニューヨークもパリもすでに行った、新婚旅行ぐらい違うところに行きたい、となる。そこで「カリブとかロスカボスはどうですか」と勧めると、「そこはまだ行ってないわね」ってなって、興味を持ってくれるんです。そうやってどしどし送客していくうちに、カリブやロスカボスが新しい観光地として認知されていきました。

そこまでくると、他社も後追いでカリブやロスカボスのツアーを作るようになります。ただ、その時点では人気のあるホテルはすでにハローツアーが押さえているので、後発のツアーは入り込めないんです。人気ホテルはたいがい「日本人は全宿泊客の何割まで」と、しっかり決めていますから。それに対して人気のないホテルはどんなお客さんでも受け入れるので、後発のツアーで行くと「せっかくカリブまで行ったのにホテルはアジア人ばっかり」なんてことになる。いいホテルに泊まれるのは、先行したハローツアーだけの特権というわけです。

ただ、現地でのお客さんへのサービスに関していえば、「ハローツアーのお客さん以外はダメ」なんて差別は絶対にしませんでした。たとえば、外出から帰ってきたお客さんのために食堂に冷やしそうめんを用意するとしたら、その場にいる他のツアーのお客さんにも「よかったらどうぞ」って声を掛けるんです。そうめんのコストなんてたかが知れてるし、結果的に「ハローツアーは親切だった」と口コミが

カリブ、ロスカボスは全日空の路線を強化するために企画された。写真は、記念テレカ。新しいデスティネーションを開発して市場にインパクトを与えながら、ホールセラーの役割を遂行することをいつも考えた。

広まれば、今度は海外旅行はもちろん、国内線の飛行機に乗るときも全日空を選んでくれるかもしれないでしょう。

とにかく僕は「全日空ワールド」という看板で仕事をする以上、全日空という会社の信用を落としてはならないという部分には、ものすごく神経を遣っていました。そもそも当時の国際線なんて、国内線に比べればぜんぜん売上が少ないわけです。1日に十何万人というお客さんを運んでいる国内線に迷惑を掛けるようなことをしてしまったら、元も子もない。それに、全日空の社内で「近畿の出身者はあの程度か」とか言われるのも絶対に嫌だったから、予算も絶対に達成していました。こういうところにも、負けず嫌いでかたくなな性格が出ますね（笑）。

ちなみに全日空ワールドでは、創業時にハローワールドから移った社員を除けば、航空会社からも旅行会社からも、旅行業界の人間は一切採用しませんでした。いろんな人から「知り合いを採用してくれ」と頼まれたけど、「すみません、僕は全部新人から育てますから」と言って断りました。会社の中で「あの人は近畿だ」「あの人はアンチ近畿だ」とか派閥ができるのも嫌だったし、かつてJALパックが創業したとき業界中から優秀な人間を引き抜きして、批判を浴びたのも知ってましたから。1980年代後半に全日空の国際線定期便が次々に就航したときは、一気に60人採用したこともあったりして大変でしたけど、それでもあくまで新人にこだわりました。その結果、最初は15人で立ち上げた全日空ワールドは、僕が退任する1999年（平成11年）には、総勢450人の大所帯へと成長を遂げました。僕自身、

1968年（昭和43年）の全日空国際線チャーター申請開始から31年ものあいだ全日空に関わる中で、当初から思い描いていた「全日空を日本第二の国際線キャリアにする」という夢を叶えることができ、さらに自分が立ち上げた全日空ワールドも、全日空とともに大きく発展させることができた。これは自分の43年間の仕事人生において、本当に幸せなことだったと思っています。

36会（さぶろくかい）メンバー座談会

山田さんの生き方から、旅行業の喜びを学んだ。

「36会（さぶろくかい）」は、山田が全日空ワールド副社長だった1980年代後半に発足した集まりで、平たくいえば「山田を囲む中小旅行会社等の経営者の懇談会」である。発起人は、サイクルツアーの宮本保雄社長で、「経営者は孤独です。本音で語れる場が必要なんです。山田さん、大手ばかりじゃダメですよ。中小の話にも耳を傾けてください」、そう山田を説得して始まった。彼らは月に一度、当時全日空ワールド本社のあった霞が関ビルの36階の副社長室に集い、山田の話に耳を傾けながら、旅行業の現状や将来について、ときに熱く、ときにざっくばらんに語り合った。このときに培ったものの見方や考え方が、その後の仕事人生で大きな支えになった、と感じているメンバーは多い。今回はその中でも、特に山田から強い影響を受けたと語る4名が参集、山田本人も交えて「36会で学んだこと」を振り返った。

宮本保雄　みやもと・やすお
1949年（昭和24年）生まれ。中小の旅行会社での勤務経験を経て、ベルギーやスイスを中心とした欧州と韓国へのオーダーメイド個人旅行を手がける株式会社サイクルに勤務。現在は同社の代表取締役。

長田亘弘　おさだ・のぶひろ
1935年（昭和10年）生まれ。業務渡航と個人観光旅行の両方を手がける株式会社エヌオーイー（旧ニュー・オリエント・エキスプレス株式会社）に創業時より勤務。退社後は、株式会社ジャタ代表取締役社長を務め、現在は山田の個人事務所ガク・アソシエィツ研究員。

熊澤房弘　くまざわ・ふさひろ
1946年（昭和21年）生まれ。1970年代前半に海外を放浪し、1978年にアフリカ専門の旅行会社である株式会社道祖神を設立。現在は株式会社TABI'Z代表取締役として、旅の専門店連合会「旅専」事務局を担っている。

原優二　はら・ゆうじ
1956年（昭和31年）生まれ。公務員、教員、旅行会社勤務を経て、1991年にネパール・モンゴル・チベット等を専門に取り扱う株式会社風の旅行社を設立、代表取締役を務める。旅行産業経営塾の第1期生であり、現在は塾頭およびOB会会長として塾の運営にあたる。

36会に参加して、自分が進むべき道が見えた。

宮本　僕が山田さんに頼んで36会を立ち上げたのは、1988年（昭和63年）頃、ちょうど今の会社（サイクル）の社長になって何年かが経ったときです。当時はバブル景気まっただ中でしたが、時代の変化の中で旅行業も転換期を迎えていて、僕らのように中小の旅行会社を経営する人間はこれからどうすればいいのかわからなくて、みんな孤独感に苛まれていました。そんな中で、僕は「山田さんの話を聞きたい」と思ったんです。当時は山田さんと直接面識はありませんでしたが、この業界は狭いですから、山田さんが海外旅行市場でさまざまな偉業を成し遂げたことは知っていました。僕らより一回り上の世代で、大手旅行会社でいろいろな経験をしてきた山田さんだからこそ、中小の僕らが学べることはたくさんあるはず。そう思って、もともと知り合いだった全日空ワールド常務の加藤直《なお》日《ひ》子《こ》さんを通じて、山田さんに「毎月1回、山田塾をやりませんか」とお願いしました。これまで山田さんがピラミッド型で築いてきた人脈を、ちょっと横に広げてもらえませんかと。

山田　僕としてもそういった新しい出会いは大歓迎なので、じゃあやりましょうとOKしました。ただ「山田塾」という名前は大げさなのでやめようよ、と（笑）。当時、全日空ワールドのオフィスがあったのが霞が関ビルの36階だったので、「36会でいいじゃない」ってことにしました。出席者には毎回1000円ずつ出してもらって、寿司と酒を用意してね。いつも夕方から終電近くまで盛り上がっていましたよ。

長田　僕も宮本さんから声を掛けてもらって、第1回目から参加しました。僕自身はずっとニュー・オリエント・エキスプレス（現・エヌオーイー）という旅行会社に勤めていたサラリーマンなので、経営者ではなかったんですが、逆に36会を通じてオーナー社長の皆さんと出会うことができて勉強になったし、何より山田さんの魅力に惚れ込んでいたので、毎回楽しみに参加していました。実は僕は山田さんとはひとつ違いで、ほぼ同世代なので、山田さんの名前は近畿時代から知っていたんですよ。その頃、ハワイへの送客は山田さんの近畿が1位で、僕の勤めていた会社が2位だったので。いつも日本航空のチャーター争奪で死闘を繰り返してました（笑）。そのときは直接会ったことはなかったんだけど、山田さんがハローワールドを立ち上げた後、ＪＡＴＡの会合で初めて顔を合わせたら、お互い慶應大学の出身ということがわかってね。そこから意気投合したわけです。

熊澤　僕の場合、36会に参加するまで山田さんのことはぜんぜん知らなかったんです。宮本さんに誘われてついていったら、とにかく立派な部屋に連れて行かれて、全日空ワールドの副社長という人が出てきたんだけど、まるで社長のように威張っていて、なんで「副」がこんなに偉いんだろうと疑問に思いました（笑）。そして、最初は山田さんの旅行の作り方を聞いて「気楽ですねえ」って思ってたんです。僕はその頃、アフリカ専門の旅行会社「道祖神」を経営していましたが、我々中小の旅行会社は毎回やっとの思いで航空券を仕入れて、ホテルも必死に手配するのに、全日空ワールドではホテルも航空券も確保できていて当たり前。うちとは世界が違うなあ、こんな人と肌が合うだろうか、と思いました。

でも、何回か36会に参加して、山田さんや他の先輩方の話を聞いているうち、だんだん「自分が進むべき道」が見えてきたんです。正直、それまでは「うちの会社はあと何年もつだろうか」っていう不安しかなくて、目の前の利益を確保することだけに必死になっていました。それが36会でいろいろな人と出会ったおかげで、徐々に「旅行産業」全体を意識できるようになってきたんです。そうすると、業界の中での自社の立ち位置も見えてくる。次第に「うちの会社はこういう方向で専門特化していけばいいんだ」と確信を持てるようになったし、「旅行産業活性化のために、僕らは何をすべきか」も考えられるようになりました。以前、山田さんに「ＪＴＢも近畿も、道祖神にはなれないんだ」と励ましてもらったことがあったけど、あの言葉は日々の経営で苦しんでいる中、僕が未来を見るためには、なくてはならない言葉だったと思います。

原　熊澤さんがおっしゃる「自分の立ち位置がわかった」というのは、僕もまったく同じですね。僕が36会に入ったのは皆さんより少し後だったんですが、当時は風の旅行社を単なる航空券手配の会社から、ネパール・モンゴル・チベットなどの専門の会社に特化し始めた頃だったんです。毎日資金のやりくりに追われながら「こっち方向に行って大丈夫かな、来年うちの会社は生き残ってるかな」って、やっぱりずっと不安でした。当時は中小の旅行会社同士、横のつながりもまったくありませんから、情報交換できる相手もいませんでしたし。

それが36会に入ったら、とにかくいろんな話が聞けるわけです。特に山田さんは「旅は感動だ」とか「旅は人に喜びを与える」なんて、当時の僕にはとうてい恥ずかしくて言えないようなことを、正面切ってさらっと言っちゃう。最初はびっくりしたけど、聞いているうちに「ああ、本当にそうなんだ」って思えるようになりました。そして同時に、自分の会社がやっていることの「意味」もわかってきたんです。どこかで聞いたような経営論よりも、「旅は感動だ」という山田さんの一言のほうが、僕にとっては何倍も有意義でした。

宮本　山田さんの言葉には、一つ一つに説得力がありますよね。たとえば「旅行業は感動産業だ」という言葉にしても、山田さん自身が長年そのことを信じて、その思いを貫いて生きてきたからこそ、聞いた人は「なるほど」と感じるんだと思う。こういう言葉は、お金を払って買えるものじゃないですよね。

大切なのは、理念でつながるネットワーク。

宮本　さっき原さんが「36会で横のつながりが持てた」って話をされましたけど、中小の旅行会社にとっては、これはとても大きい財産ですよね。36会の月イチの集まり自体は、1999年（平成11年）に旅行産業経営塾（第9章参照）が始まって、山田さんが塾長に就任したのと入れ替わるような感じでお休みになりましたが、今でもこうやってメンバー同士のネットワークは安定していて、何か困ったことがあったときは、いつでも電話一本で連絡を取ることができる。年齢こそちょっと幅はあるけど、同じ時代を生きてきたという思いがあります。

熊澤　同感ですね。僕も1999年（平成11年）に、特定の地域や活動分野に特化した専門旅行会社を集めて「海外旅の専門店連合会（現・旅の専門店連合会。通称、旅専）」を立ち上げましたけど、これを作ろうと思ったのも36会の影響が大きいと思います。

原　結局、利害関係で結びついている組織はもろいんですよね。36会も旅専も、理念でつながっているから強い。実はこれは会社でも同じことがいえて、小手先の論理や技術では、ビジネスはうまくいかないんです。36会で教えてもらったのもそういうことだし、いま、発足当初から山田さんに塾長をしていただき、私も3年前から塾頭としてお手伝いしている経営塾のセカンドシーズンで、若い塾生たちに伝えたいと思っているのも同じことです。

経営塾は「塾」という名前のせいか、旅行や経営のノウハウを教えてもらえると思って参加してくる人もいるんですが、そうじゃないんですよね。旅行会社の経営なんて、誰かにやり方を教わって身につくものじゃない。大切なのはものの見方や考え方、つまり「自分が困難にぶつかったとき、どうすればいいか判断できるようになること」なんです。言い換えれば、経営塾は自分の軸を決める場所。お金を稼ぐためだけの仕事は疲れるし、そんなの何十年もやっていられません。

仕事に喜びを感じてこそ、会社経営もやる気になるわけで、これから旅行業界で働く若い人には、そのことをぜひ伝えていきたいですね。そうでなければ、旅行業が日本の基幹産業になることはできないと思います。

長田　山田さんの言葉を借りれば、「生きる喜びを与える」のが旅行産業ですからね。その理念を共有してきた36会という存在が、いま経営塾で学ぶ若い人たちの応援団になれているのだとしたら、それが36会の最大の存在意義だったんじゃないかと思います。

宮本　それもやっぱり、山田さんという人が中心にいてこそです。僕はいろんな人を36会に誘ったけど、別に強制はしてないし、参加する意義をいちいち説明したりもしなかった。集まった人たちが山田さんに魅了されて、自然と36会にはまっていったんです。僕も今、仕事をしていて「大変でしょ」って言われることがあるけど、自分は楽しんでるのでぜんぜんつらくない。そう思えるのも、36会で山田さんの生き方や考え方を間近に見て、影響を受けたからだと思います。仕事人生が半世紀に達するまでは、山田さんにならって、逃げずに旅行業をやり続けたいですね。

長田　僕も山田さんとひとつ違いだけど、山田さんが「88歳まではがんばる」って言ってたから、それまでは食らいつかないとと思ってます（笑）。

山田　いや、自分としては83歳くらいでいいかなと思うんだけど（笑）。でも僕のほうこそ、36会のおかげで今の自分があると思ってるんですよ。それまでは自分の会社しか知らなかったのが、36会を通じて横のつながりができて、いろんな人と知り合えて、会社を退職した後も経営塾の塾長をやらせてもらって……。今回もみんながこうして集まって盛り上げてくれる、本当にありがたいと思ってます。36会は僕の命ですね。本当にどうもありがとう！

第8章

人に喜ばれるツアーを作ろう

山田、旅づくりの秘訣を語る。

「できない」ではなく「どうすればできるか」考える。

僕が旅行商品を企画するとき、いつも考えてきたのは「どうしたらお客さんに喜んでもらえるか」ということです。「Travel gives life.」旅は人に生きる喜びを与えるものですから、旅行業に携わる人間は、常にお客さんに喜ばれるような仕事をしなきゃいけません。自分の商売のためじゃなくて、お客さんのためになんとかしてあげたいという気持ちを持つ。それが旅行業の誇りというもんです。

「オリンピックチャーター」「夜這い便」「トリプルナイン」「地球人学校」など、常に斬新な企画を打ち出しては旅行業界を驚かせ、旅する人たちを喜ばせてきた山田。ここでは全日空ワールド「ハローツアー」での企画を中心に、山田がひねり出したアイディアの数々を紹介していこう。

旅の仕組み編

●ハローレディ（1980年〜）

ホールセール商品の場合、お客さんに直接販売するのは僕らではなく、旅行会社です。そのため、旅行会社の店頭からツアーパンフレットを切らさないこと、かつ、目立つ場所に置いてもらうことは、とても重要。ハローツアーでは、パンフレットの店頭配布と補充を担当する女性スタッフを「ハローレディ」と名付け、都内のお嬢様大学で募集した女子学生たちに、その役目をお願いしました。そういう女の子たちは親からアルバイトを禁じられていることも多かったので、アルバイト代はナシで、代わりに「1年間ハローレディを務めたらハワイ旅行に招待する」という約束にしたら、どっと人数が集まりました。これは旅行会社の社員にもとても好評で、ハローツアーに親しみを持ってもらういいきっかけにもなったと思います。

●ハロークラス（1983年〜・ハワイ）

これは「ハワイに行くカップルに、窓際のペアシートをご用意」というサービスです。当時、飛行機の座席は二人組で予約してもバラバラになることが多くて、特にハネムーンのお客さんにしてみれば、そりゃないだろうと。普通の旅行会社だと航空会社自体も直前まで決まらないことが多いのでしかたないんですが、そのときのハローツアーでは、ハワイ便はＮＷ

しか選択肢がなかったので、NWに「窓際のペアの席を1日1便、10組でいいから確保してくれ」と頼んで、それを「ハロークラス」と名付けて売り出しました。これはハネムーナーに受けて、すぐ売り切れ続出になりましたね。他の旅行会社は、NWに「なんであいつらだけひいきするんだ」って文句を言いに行ったらしいけど、NWの担当者に「じゃあ御社もうちの座席を毎便10組、必ず買ってくれますか？」と言われて、みんな黙り込んでしまったそうです（笑）。

●ビューギャランティ・フロアギャランティ（1983年〜・ハワイ）

ビューギャランティは「眺望保証」、フロアギャランティは「階数保証」。要するに、部屋からの眺めを事前に確約することです。たとえば「オーシャンビュー」なら単に「海が見える部屋」だけど、「オーシャンフロント」は「真正面に海がどーんと広がる部屋」で、見える景色はぜんぜん違う。同様に階数によっても窓からの眺望は大きく変わるので、ハローツアーでは「どんな景色が見える何階の部屋か」を、あらかじめ明らかにしていました。

あと、ロンドン、パリ、ローマ、ニューヨークなんかでは、そもそもホテルが取りにくくて大変だった時期があって、そのときはホテルのワンフロアを丸ごと買い取っていました。このフロア買い取りにはもう一つメリットがあって、コネクティングルーム（続き部屋）が確保できるんですよ。「ご家族旅行にはコネクティングルームをご用意します」と言えば、家族連れのお客さんも安心して申し込めますよね。あと、フロアの中の1室に「ホスピタリティルーム」を作って駐在員を常駐させ、いつでもお客さんの相談に乗れるようにしたりもしていました。フロア買い取りは売れ残るリスクもありますが、部屋が余りそうなときは現地のオフィスで地元のお客さん向けにも販売して、なんとか売り切っていました。

●ダイレクト・チェックイン（1985年〜・ハワイ）

ダイレクト・チェックインは「空港からそのままホテルに向かってチェックインできる」という意味です。当時のハワイツアーは現地の空港到着が早朝なので、まだホテルの部屋の掃除が終わっていなくて、すぐにはチェックインできない状態でした。結局は時間稼ぎのために土産物屋に連れていかれたりして、部屋に入れるのはお昼過ぎ。それじゃあお客さんは眠いし、疲れてしまう。そこでホテルに頼んで、半泊分の宿泊料を追加で払うかわりに、ハローツアーのお客さんの分はベッドメイキングを早く終わらせて、午前中にチェックインできるようにしました。最近はこういうツアーも増えてきましたけど、当時としては画期的でしたね。

●お申し込みと同時に便名が決まります（1986年〜）

これは今でこそ当たり前になりつつありますが、以前は海外旅行の場合、「飛行機の便名は出発直前にならないと決まらない」ことが多かったんです。その旅行会社が多数の航空会社を使っていたり、使っている航空会社は少なくても1日の便数が多かったりすると、どうしても直前まで便名が決定できないんですよね。でも、全日空ワールドのハローツアーは全日空しか使いませんから、どの方面に行くツアーであっても、申し込みと同時に便名が確定できます。便名が早くから決まっていれば、出発空港までの交通の手配をはじめ、旅の準備が手早く進められるので、お客さんにはとても好評でした。

●ハローお出かけダイヤル・お帰りダイヤル（1986年〜）

旅行の計画を立てるときは、なにかと旅行会社への問い合わせが必要になるものです。ハローツアーでは、旅行前にお客さんからの質問を受け付ける「ハローお出かけダイヤル」と、帰国後にツアーへの文句も含めて感想を受け付ける「ハローお帰りダイヤル」を用意しました。どちらももちろん、通話無料のフリーダイヤルです。番号は、お出かけが0120-025860（レッツゴーハロー）、お帰りが0120-039860（サンキューハロー）。僕はけっこう数字にこだわるんですよ（笑）。今は携帯電話が普及して電話番号を覚える必要はなくなりましたけど、設置当初は番号の覚えやすさも大事でしたからね。この番号は、今でもANAハローツアーで使われています。

●添乗員付き2名催行保証（1991年〜）

1991年に湾岸戦争が起きたとき、海外ツアーは軒並み取りやめになったり、開催を予定していても催行人数が集まらなくて結局中止になったりと、不安定な状態が続いていました。僕は「新婚旅行をはじめ、旅行に行きたいけどガイドなしで行くのは不安、と感じている人たちは多いはず。その人たちに旅の出発と安全を保証するのがホールセラーの役割だろう」と思ったので、ハローツアーで「添乗員付き2名催行保証」のツアーを売り出したんです。きちんと添乗員を付ければ安心して参加してもらえるし、2名催行保証なら申し込みがペア1組だけでも出発できますから。僕はこのプランを他の旅行会社にも提示して、「旅行業が危機の今、うちもやるからぜひお宅もやってほしい」と頼んで回ったけど、どこもリスクを恐れてやってくれなかった。そうしたら結局、旅行に行きたい人はみんなハローツアーに集まってきちゃって、どのツアーも2名催行どころか、平均14名くらいの団体になりました。おかげで1991年は会社設立以来の高収益となりましたが、僕は決して金儲け目的でこのプランを実施したんじゃありません。旅行に行きたいけど不安、と感じているお客さんに、どうすれば安心して旅行に行ってもらえるか、真剣に考えた結果なんです。

そもそも僕は、ホールセラーのツアーは「出発保証&添乗員付き」が基本だと考えています。「お客さんが集まらなければやらない」というのは、本当の意味での卸商品じゃありません。だってよその旅行会社に売ってもらう以上、こっちの都合でキャンセルしたら、売ってくれた旅行会社の人が迷惑するでしょう。だから卸商品は出発が保証されていなければならないんです。そして必ず添乗員も付いていないとダメ。「現地で係員がお迎えします」では不十分です。それが僕の考え方です。

だから僕は、ハローツアーの添乗員はすべて自社の社員として抱えていました。そのことはいちいちパンフレットには書きませんが、旅行会社への説明会では「ハローツアーの添乗員はみんな社員ですから、安心して売ってください」とはっきり伝えていましたよ。パンフレットに書かないのは、そう書くと「他のツアーは違います」と言ってるのと同じになっちゃうから。よくパンフレットに「うちは土産物屋にはご案内しません」と書いてるツアーがあるけど、それは裏を返せば「よそはやってる」と言いたいわけで、そういう差別化は下の下だっていうんです。うちはそもそも土産物屋からキックバックなんかもらってないから、お客さんを土産物屋に連れて行くこともないけれど、だからといってそんなことは絶対にパンフレットには書きませんでした。もちろん買い物に行きたいお客さんもいるだろうから、それはたとえば香港ツアーなら「ショッピングバスを出します。参加費は1香港ドルです」と書いておけばいいんです。または「時計を買いたいけど、どこに行けばいいか」と聞かれたら、添乗員がちゃんとご案内できるようにしておく、とかね。とにかく、自分のところだけを良く見せようとするのはいけません。それが僕の信念です。

現地サービス編

●ANA EXPRESS BUS（1986年〜・グアム）

「ANA EXPRESS BUS」はグアム島内を一周する循環バスで、グアム島への全日空定期便就航に合わせて作ったものです。その当時、グアムの治安はあまり良くなくて、タ

1986年全日空定期便就航の際に島内を巡回するトロリーバス「ANA EXPRESS BUS」を運行。ANAのボーディング・パスを持っていれば乗車でき、大好評を得た。

クシーの運転手が日本の若い女の子を強姦するとか、そういう事件もちらほらあったんですね。そこで、女の子でも安心して乗れる移動手段として、島内を走り回る循環バスを作ろうと考えました。といっても当たり前のバスじゃ面白くないから、アリゾナからちょっと変わったトロリーバスを持ってきてね、全日空の搭乗券を持っている人は無料で乗れるようにしました。そうすれば、日本航空やＮＷで行った人も、「次から私もあのバスに乗りたいから、全日空で行こう」ってなるじゃないですか。これも一つの戦略です。

ただ、バスが走り始めて最初の2か月間くらいは、タクシーの運転手からバスのタイヤをパンクさせられたりとか、いろんな嫌がらせも受けました。そういうときはグアムの議会に連絡して、「ハローツアーのバスはタクシーの客を奪うわけじゃありません。グアム島に来るお客さんの数が増えれば、結果的にタクシーの客も増えるんですから、そういう嫌がらせは止めさせてください」と頼みました。そうしたら議会もすぐにタクシー業界に連絡して、規制をしてくれた。僕らが必死にグアムに送客したぶん、向こうも一生懸命に受け入れ体制を整えてくれたんですね。ちなみにこのバスの運行自体はＪＴＢにやってもらったんですけど、そのとき担当だった方は、その後ＪＴＢハワイの社長になって、ハワイに「オリオリバス」という巡回バスを作りました。今では他の旅行会社も次々とバスを走らせていて、ハワイにバスの花が咲いています。

●ビスターナ・ヨーロッパ（1990年～・ドイツ）

こちらは名前の通りヨーロッパ、ドイツのロマンチック街道でハローツアーが走らせた観光バスの名前です。ライン川沿いのロマンチック街道は、移動手段は基本的にバスしかないんだけど、現地で観光バスをチャーターする場合、ある程度の人数が揃わないとペイしないんですね。かといって、人数が少ないときはお客さんからバス代を別途徴収します、というわけにもいかないし。それで僕が考えたのが、このエリアに日本人観光客向けの路線バスルートを作って、定期的にバスを走らせておけばええやん、ってこと。そうすれば旅行会社ごとにバスをわざわざチャーターしなくてもすむし、周辺のホテルにパンフレットを置いたり、現地のガイドにも周知すれば、ハローツアー以外のお客さんも利用できて、喜んでもらえる。もちろん運営する僕らは経費がかかりますけど、そもそもこのエリアのツアー自体がなくなってしまったら、飛行機にお客さんが乗らなくなって航空会社が困るわけですから、これはインハウス・ホールセラーの役目だ、と思いました。

それでバスを走らせると決めて、バスの名前を考えているときにふと思い出したのが、昭和30年代に近鉄の名古屋－大阪間を走っていた二階建て特急列車でした。この電車、名阪間に新幹線が通るまでは一番人気があったんですが、その愛称が「ビスタカー」って言ったんです。ビスタというのは「眺望、展望」という意味です。その「ビスタ」に全日空の「ANA」をくっつけて「ビスターナ」。よし、この名前で行こう、と決めました。バスの運行は現地のバス会社に任せましたが、ガイドには「はとバス」のガイド経験者を送り込んで、日本人観光客が楽しく、快適にロマンチック街道を観光できるように工夫しました。

ツアー企画編

●アレキサンドリア&ブロードウェイ(1986年・アメリカ)

これは全日空の定期便がワシントンに就航した際、その座席を埋めるために考案したツアーです。実はワシントン便が就航する前、当時の全日空社長の中村大造さんから、「今度アメリカに定期便を就航させる予定で、ニューヨークではなく首都のワシントンに飛ばそうと思うが、どうだろう」と相談されたんです。僕は「旅行会社としてはニューヨークのほうが売りやすいけど、日米の首都と首都をつなぐ路線はまだないから、ワシントン、いいんじゃないですか。就航したら、我々もがんばって座席を売ります」と答えました。それでワシントン便ができたんですけど、さて、

1983年10月には、「キャッツ・エクスプレス」という企画も。NYブロードウェイで演じられていたキャッツ観劇ツアー2泊4日をジャンボ機を貸切って実施した破天荒なものだった。フジ・サンケイグループとの共同企画で著名人、芸能人、マスコミ関係者約400名を招待した。写真は、ツアーのボーディングパス。

ああ言ったはいいがどう売るか。もともとワシントンって、あんまり観光するところがないんですよ。ただ、ワシントンの市内から30〜40分くらい離れると、アレキサンドリアという小さな町がある。ま、ここも別にどうってことない町なんだけど、雰囲気はチャーミングだし、何より「アレキサンドリア」という音の響きがいい。パンフレットを見たお客さんが「アレキサンドリアってどんなところだろう」と思ってくれれば、送客できると考えました。あとはニューヨーク観光と組み合わせればバッチリだなと。

ただ、ツアーの名前が「アレキサンドリア&ニューヨーク」ではいまいちインパクトに欠けるので、ここはもう一つ掴みが必要。ニューヨークといえばブロードウェイだから、ここは「アレキサンドリア&ブロードウェイ」にしよう、ということで、この名前になりました。これなら、他のニューヨーク観光ツアーのパンフレットと並べたときにも目立ちますしね。

そうそう、ワシントン便の強化に関しては観光ツアーだけでなく、ビジネスマンの出張旅行を増やす作戦も考えましたよ。頭にあったのは当時、ニューヨークのJ・F・ケネディ空港のイミグレーション（出入国審査）がめちゃくちゃ混雑している、という事実です。だいたい空港に到着してから入国するまでに1〜2時間はかかる。出迎えに来た人は相手がいつ出てくるのかわからなくて、本当に困っちゃうんです。それに対してワシントン空港なら、イミグレはいつも空いてるからパッと出てこられる。そしてワシントンとニューヨーク間には国内線のシャトル便がばんばん飛んでいるし、税関もないから移動も簡単。そう考えるうち、これは日本ではなくアメリカで売るのがベストだ、と気づきました。そこで、アメリカにある日本企業の現地法人に行って、「日本から来る社員には、ワシントン経由を使うように言ってください。ワシントンならニューヨークと違ってイミグレも簡単だし、ニューヨークに到達したときは税関もないから、着いたらすぐに出迎えられて時間が無駄になりません」と提案したんです。これは特に証券会社や銀行マンに好評で、徐々に利用する人が増えていきました。

●ジャマイカ・ハーフムーン（1989年・ジャマイカ）

ハローツアー・ジャマイカでは、参加した人に空撮ビデオを進呈していました。ジャマイカってもともと高層ホテルがなくて、建物は基本的に平屋、高くても2階建てがせいいっぱい、それでプールが付いているんですね。そういう場所を空から見る機会ってなかなかないから、旅の記念として面白いだろうと。帰国してから友人に泊まったホテルを説明するのにも便利だし、どこのツアーで行ったの？と聞かれて口コミにもなりますから。それに、実は空撮ってけっこう安いんです。アメリカではそれほど特殊なサービスじゃありませんし。ただ、このサービスはパンフには書きませんでした。オマケというのは、期待してないところに突然プレゼントしてもらって、それで初めて嬉しいと思うわけで、始めから「空撮ビデオプレゼント」と書いてあったら、もらって当たり前と思ってしまうでしょう。

ちなみにオマケといえば、僕は年末年始にかかるツアーをやるときは、いつもお蕎麦にお雑煮、樽酒を飛行機に積んで持って行かせてました。大晦日にはそこがどの国のどんな場所であっても、必ず年越し蕎麦を出して、翌朝は雑煮を出す。それも現地のホテルの調理人に任せてたらぐじゃぐじゃになるから、添乗員が調理場に入って指導するわけです。そして元旦はお客さんが観光に出ている間に、伊勢神宮のお札と5円玉を入れた袋を各部屋に配っていました。その程度でもお客さんにしてみれば嬉しいサプライズだし、思い出に残りますよね。

●香港シンデレラ物語&グアムドレスアップディナー（1988～90年頃・香港／グアム）

これは名前から想像できるとおり、どちらも女性向けのプランです。「香港シンデレラ物語」は、香港ツアーで最後の1泊だけ着飾って、ペニンシュラなど高級ホテルに泊まるプラン。同様に「グアムドレスアップディナー」は、滞在中に1回、ドレスアップしてグアムヒルトンホテルに行き、豪華ディナーを食べるプランです。どちらも若い女性に人気が出て、評判になりました。

グアムのプランを思いついたのは、知り合いのカメラマンに「グアム旅行というと普通はTシャツGパンだけど、中には〝せっかく海外に来たんだから、ちょっとは着飾ってみたい〟と思う人もいるんじゃないかな」と言われたことがきっかけです。なるほど、それは言われてみればそうかもしれない。ただ、ドレスアップを提案するなら、それにふさわしい場所を僕らが用意しないといけない。どこかいいところがないかと探してみたら、以前ローマ法王が海外を周遊した折、給油の関係でグアムに1泊したことがあって、そのときヒルトンホテルがローマ法王のためのディナーを提供した、というんですね。よし、そのローマ法王が食べたディナーをヒルトンに再現してもらって、お客さんがドレスアップして食べに行くというプランをやろう、と思いつきました。

といっても、毎日お客さんが来てしまうとヒルトンも仕入れが大変なので、週に3日だけ、先着何名までと予約制にしました。そうなると、「ドレスアップディナーに参加したいから、グアムに行く」って人も出てきたりしてね。ハローツアー・グアムの特徴を出すのにも役立ったと思います。

●大人の地球人学校・第1回ふれあいウォーク（1993年・ドイツ）

これは1970年代後半にハローワールドでやった「地球人学校」復活プロジェクトの一つで、ドイツのロマンチック街道を舞台に展開したツアーです。地球人学校と同様、「その土地の匂いをかいで、その土地の人と交流する」ことをコンセプトに企画したもので、全日空ワールドの創立20周年記念事業でもありました。といってももともとは、部下たちと酒を飲んでるときに思いついた企画なんですけどね。たまたま「地球人学校を今度は大人版でやりたいね」なんて話になって、誰かがふと「ディズニーランドの『眠れる森の美女』の城のモデルになったノイシュバンシュタイン城に向かって、ロマンチック街道を歩くっていうのはどうですか」と言い出したんです。「それはええな」って盛り上がって、この「大人版地球人学校」が生まれました。

ツアーのハイライトである「ふれあいウォーク」は、ロマンチック街道の南の終点にあるフュッセンという町のクアハウスから、美しい白亜の「白鳥城」ことノイシュバンシュタイン城まで、参加者各自がそれぞれの体力に合わせて5キロ・12キロ・18キロのコースのいずれかを選択し、周囲の景色を楽しみながら歩くというものです。実はフュッセンという町は、ノイシュバンシュタイン城の見学者自体はたくさん来るものの、みんなバスで移動してて、城の見学を終えたらすぐ次の町に移動してしまうので、町にはあまりお金が落ちない構造になっていたんですね。これはグアムで地球人学校をやったとき、キャンプ地になったイナラハン村と同じだと思って、さっそくフュッセンに「ふれあいウォーク」のアイディアを持ち込みました。先方も大歓迎で、ぜひやりましょうと話が決まったんです。実施にあたっては、ウォーキングコースの途中にトイレを設置したり、ウォーキングの後に開催する交流会「バイエルン音楽の夕べ」に地元の人々が参加するなど、全面的な協力体制を敷いてくれました。

参加者を募集する際は、今回は大人向けということもあるし、普通に新聞に広告を出しました。このときは五段広告だったんですが、すぐに380人ほど集まって、びっくりしましたね。普通、五段広告でこんなに集まることはないですから。やっぱりこういう旅は、それだけのニーズがあるんだとわかりました。実際、参加した人からは「異国の地をなんの不安もなく、楽しくウォーキングできて一生の思い出になった」、「地元の人と触れあう機会を持てて感動した」、「ふれあいウォークでお友達ができた」など、「参加してよかった」といった声がたくさん寄せられました。

あと「ふれあい」という点では、最初は参加する人たちに折り紙とか日本のお人形とか、ちょっとしたお土産を持ってきてもらって、地元の人たちに交流会でプレゼントしてもらう、という企画を入れていたんです。ただ、これだとお土産をもらえた人ともらえなかった人が出てしまって、せっかくの好意がうまく伝わらなかったので、良くないなと。それで2回目からはお土産の代わりに、現地にゴミ箱やベンチを買うためのお金を寄付してもらうことにしました。参加者には「ご好意はありがたいけれど、地元の方たちの間で不公平感が出てしまうので、お土産は持ってこないでください。その代わり、せっかくフュッセンの方々にお世話になるんですから、よかったら1マルクでもいいので、市の用意した箱に寄付金を入れてください。市にはそのお金でベンチやゴミ箱を買ってもらって、ハローツアーの皆さんのご寄付です、と入れてもらいますので」と伝えました。そうしたらみんな納得して、喜んで募金箱にお金を入れてくれました。何回も行くうちに、そのお金がどんどん貯まって、最終的にはフュッセンの町中に、ウォーキングコースをわかりやすく記した日本語の地図板が2つ設置されました。それは今でも残っていて、あの街を訪れる日本人観光客に活用されています。そしてフュッセンを訪れる日本人観光客の数も、それまでの年間1500人から一気に倍の3000人近くに増えて、フュッセンの町からはとても感謝されました。

こうして好評を得た、「大人の地球人学校・ふれあいウォーク」は、1994年に第1回ツアー・オブ・ザ・イヤーのグランプリを取りました。ツアー・オブ・ザ・イヤーは、日本旅行作家協会主催（現在は後援）の「旅のコンクール」で、前年に催行された中でもっとも優れたツアーを選ぶものです。最初は別に応募しなくてもいいと思ってたんだけど、部下に「せっかくだからエントリーしましょうよ」と言われてね。審査では、満場一致で「これしかない」と決まったそうです。審査員の一人で、日本旅行作家協会会長の斉藤茂太先生からは、「旅は気力、好奇心、勇気を培う文化的なレジャー。この『ふれあいウォーク』は、旅がもつ精神的効果をさらに大きくしてくれる一つのカタチじゃないでしょうか。自分の脚で歩きながら、知らず知らずのうちに、異国の人や自然や文化に触れあう。歩きながら、目や耳から得られるものは、とても大きいと思います」とのコメントをいただきました。多くの人に評価してもらえて、僕らも本当に嬉しかったですね。でも、そのあとは受賞記念で新聞に「受賞しました広告」を出したり、ギブアウェイ（販促グッズ）を作ったりして、１３００万円もかかっちゃいましたけど（笑）。

●ふたりの冒険・ふたりの想い出（１９９６年〜）

これは、とあるお客さんの感想がヒントになって生まれた企画です。その人はイタリアツアーから帰ってきた後、「自由行動のときピサの斜塔が近くにあると知って、妻と二人で電車に乗って見に行ったら、すごくよかったですよ」って報告してくれたんです。電車の中でもヨーロッパの人とカタコトの英語で話して、とっても楽しかったと。それで僕はハッと気づいたんですね。パッケージ旅行の中にも、団体行動からちょっと離れて冒険する時間、個人で行く小旅行があってもいいんじゃないか、と。旅行の中には「自分で行き先を決めて、自分で切符を買って、自分で電車に乗って行く」という面白さもありますよね。それにだいたい、パッケージ旅行は朝から晩まで同じお客さん同士で顔を合わせてるわけで、中には気にくわないヤツもいるかもしれない（笑）。それで、この「ふたりの冒険・ふたりの想い出」というプランを企画しました。このプランでは、パンフレットで近隣の見どころは紹介するけれど、実際の手配まではせず、「行きたい方はご自分でどうぞ」という形にしました。これはＪＴＢにも「いい企画だね」と褒められましたよ。

第9章

旅行産業よ、幸せ産業の核になれ！

山田、旅行産業経営塾の塾長になる。

旅行業の次世代を担う骨太な人材を育てたい。

僕が65歳で全日空ワールドを退任したのは、1999年（平成11年）3月のことです。全日空グループ入りして21年、ハローワールド時代も合わせると27年にわたって勤め上げた会社ですから、自分自身としても感慨深いものがありました。結局最後まで社長にはなれなくて、副社長止まりでしたけどね（笑）。ただ、僕はずっとナンバーツーではありましたが、ナンバーワンに仕事のことで指示を受けたことは一度もありませんでした。普通、ナンバーツーといえば社長をサポートする立場なんでしょうが、僕はいつでも手前勝手にやってましたから。でも、近畿時代から長年旅行業界で働いてきて、予算を割ったことも、事故を起こしたことも、部下が不始末を起こしたことも、一度もなかった。トップとしても「あいつに任せておけば間違いない」と思ってくれていたんでしょう。そういう意味も含めて、僕は自分のことを「最高のナンバーツー」だったと思っています。

全日空ワールドを退任した山田は、その年の5月に六本木で個人事務所「ガク・アソシエイツ」を設立。旅行業界の第一線は退きつつも、後進にこれまでの経験を伝え、役立ててもらう機会を作るため、まずは「人の集まる場所」を用意できれば、と考えてのことだった。だが、山田のこれまでの実績を知る旅行業界の人々が、彼を「ご意見番」程度で放っておくわけがない。全日空ワールド退任とほぼ同時に持ち込まれたのが、旅行業界専門誌「トラベルジャーナル」が開校する「旅行産業経営塾」（以下経営塾）で塾長を引き受けてほしい、という依頼であった。

「旅行産業経営塾」は、トラベルジャーナル創業者の故・森谷哲也社長が、創業35周年を機に、「旅行産業の次世代を担う人材を育成する場」として立ち上げたものです。

僕は森谷さんとは前々から親しくしていて、二人で飲むとよく「観光大学を作りたいね」という話をしていたんです。旅行業界には、旅行業の専門知識を学ぶ専門学校はあるけれど、旅行そのものについて深く考えたり、学んだりできる大学はない。僕自身、地域で旅行業に携わる人たちが旅行・観光産業について学べる場所が今後絶対に必要だと思っていたので、ハローワールド時代、小尾社長に相談しながら真剣に観光大学の開設を考えたこともありました。でも、大学というのは立ち上げるのにだいたい30億円は資金が必要で、グラウンドや図書館も持たなければならない。まずはお金と広い土地が必要だし、さすがに自分たちで作るのは無理だなあ、と諦めていたんです。

そうしたら僕の全日空ワールド退任と期を一にして、森谷さんが「経営塾を作ろうと思うんだが、學さん、塾長をやってくれないか」と相談してきた。話を聞いたら、これはトラベルジャーナルの事業ではなく、メセナ（企業の文化・芸術支援事業）としてやるという。僕も「わかりました。やらせてください」と即座に受けて、塾長になりました。ただし、参加対象者は旅行会社だけにとどめず、旅行産業全般に広げて、塾の名称も「旅行産業経営塾（Business School of Travel Industry）」にしてください、とお願いしました。やはりこういった学びの場を立ち上げる以上は、「旅行業を産業として確立すること」を目標として掲げなくてはならない、と考えたからです。これが経営塾のファーストシーズンで、このときは第1期から第5期まで、計5年間続きました。

授業は東京・中野のトラベルジャーナル学園の教室を借りて、年間で25回、平均すると月に2回のペースで行われていました。授業では、ものの見方、考え方、決め方を学ぶため、毎回旅行業界を中心にいろいろな立場の人たちを講師に招いて、さまざまな角度から講演をしてもらいます。講演後は講師からお題が与えられて、塾生たちがグループ討論を行い、それぞれの討論結果を発表する。同じ旅行業に勤める者同士といっても、会社や立場、働いている地域が違えばものの見方も違うし、考え方も違う。塾生たちは講義や討論を通して、お互いに刺激を受けるのはもちろん、会社の枠を超えた上下関係のない新たなネットワーク、いわゆる人のネットワークも構築できるわけです。これは特に中小の旅行会社に勤めている塾生にとっては、とても貴重な機会だったと思います。中小の旅行会社は、大手と違って同僚や上司も少ないし、なかなか新しいものの考え方に触れる機会がありませんから。それもあってか、毎回の授業が終わった後は、塾生同士で誘い合って、しょっちゅう飲みに行ってましたね。そのうえ1年間の授業が終了した後でも、OBとして会の運営に参加する人がたくさんいて、現役生とは別に「OB会」なんて組織もできたほどです。こういう業界横断的なネットワークは、他の業界でもなかなかないと思います。僕自身は「塾長」とはいえ、毎回講義をするわけでもないし、最初はときどき顔を出す程度で考えていたんですが、塾生たちの討論を聞いたり、塾生が「塾長、塾長」と慕ってくれるのが嬉しくて、結局はなんとなく毎回参加してました。

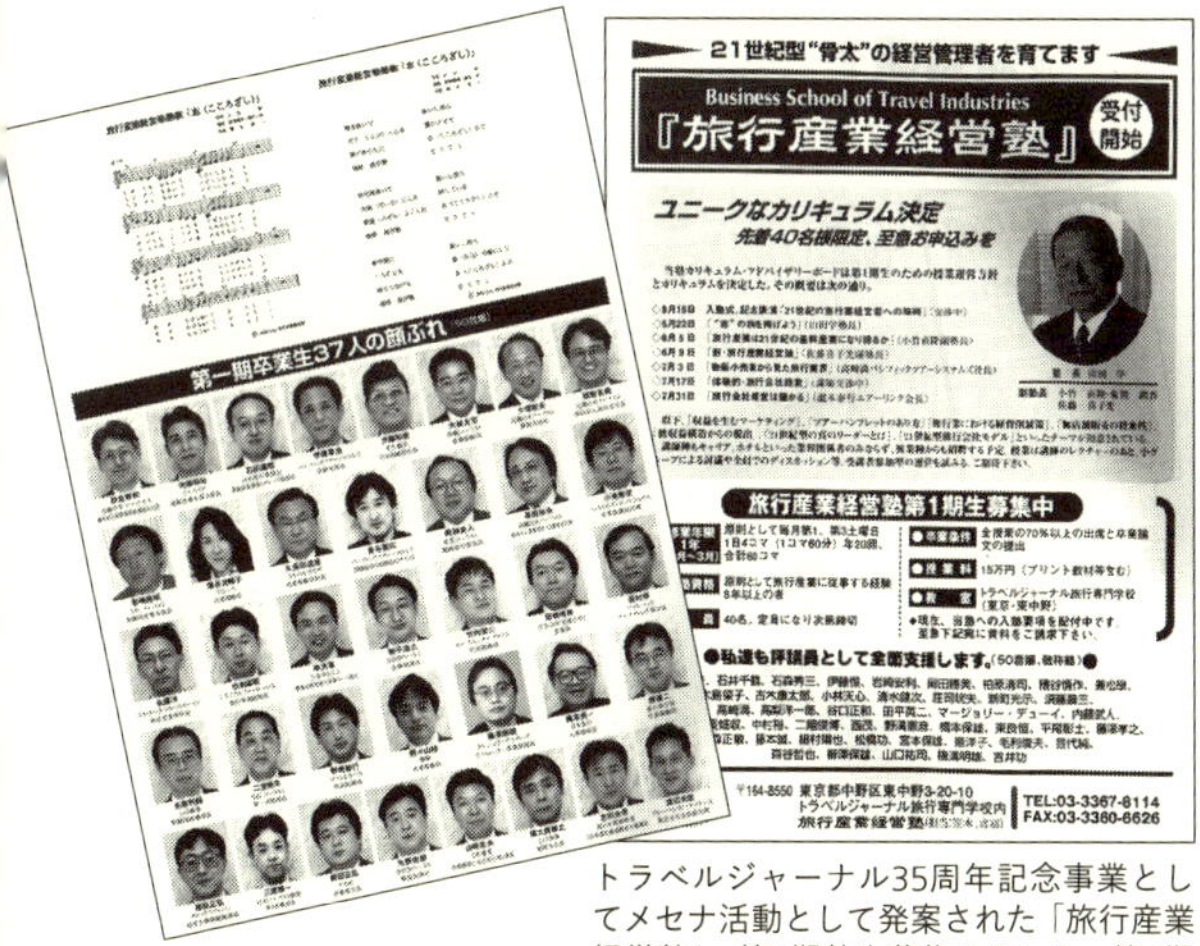

トラベルジャーナル35周年記念事業としてメセナ活動として発案された「旅行産業経営塾」。第1期塾生募集チラシと、第1期卒業生の顔ぶれより。

ただ、ファーストシーズンも第4期に入った頃からは、ちょっと雰囲気が変わってきちゃったんですね。それまでは中小の旅行会社から参加していた人が多かったんですが、次第に大手旅行会社の社員が中心になってきた。大手の場合、上司から「お前、ちょっと行ってこい」と指示されて来る人が多いので、経営塾に対する気持ちが違っていて、そうなるともう「塾」ではなくなるんです。こっちも話をしていて、ビビッとくる機会が少なくなってくる。それで、5年間やったところでちょっとお休みしよう、ということになりました。僕も2003年（平成15年）10月から2009年（平成21年）6月までは、JATA主催の旅の博覧会「世界旅行博」の社長を引き受けていたので、そちらの仕事もありました。ちなみにこの「世界旅行博」で、僕は生まれて初めて「社長」になることができました（笑）。といっても直属の部下はほとんどいなくて、一人社長みたいなものだったんですけどね。

そんなわけで、しばらくお休みしていた経営塾でしたが、休塾中もOB会は健在で、メールマガジンでの情報交換も活発に行われていました。このメールマガジンには、1期生で旅行会社「かもめ」取締役の柳田正弘さんが毎日「今日の一言」というタイトルでいろいろな格言を投稿していて、それはすでに3000回を超えているんですが、途中からは僕自身も毎週「そのとき」というショートコラムを投稿するようになって、そちらももう300回以上になっています。また、OB会のメンバーも年に一度くらいは「塾長の話を聞く会」なんて機会を設けてくれて、みんなでバーベキューパーティをしたりね。そうこうしているうちに、第1期の卒業生でOB会会長でもある「風の旅行社」社長の原優二さんが、「2010年（平成22年）5月からOB会主導で経営塾を再開したい。ついては山田さんにまた塾長をやってほしい」と言ってきたんです。

僕も、ここ数年で旅行業界を取り巻く環境ががらりと変わって、いよいよ旅行業界で働く人たちが本気で「これからの旅行産業はどうあるべきか」を考えなければならない時代が来た、と感じていました。「旅行・観光産業は日本の基幹産業だ」との期待が集まるいっぽうで、インターネットが普及してコミッションはゼロになり、もはや手数料では稼げない時代になっている。今こそ、僕が提唱してきた「旅は人に喜びを与えるものだ」という原点に戻り、旅行産業の存在意義を考える必要がある、と思ったんです。そのためにも、塾の再開はとても有意義だと思いました。ただ、75歳を過ぎて塾長というのも荷が重いから、「原さんが塾頭になってくれるならいいよ」ということで引き受けました。このセカンドシーズンも、日本全国からたくさんの若い人たちが参加していて、さまざまな角度から旅行産業について活発な討論を行ったり、提言をまとめたりしています。その中でも僕がぜひ実現したいと思っているのが、２０１１年（平成23年）11月に観光庁長官にも提案した東日本大震災の復興支援プラン「東北で元気づけよう～Travel and Care」です。

これは、２０１１年3月に起きた東日本大震災の被災者の方々に対して、旅行産業として何ができるのかを経営塾一丸となって考えた結果、生まれてきたアイディアです。僕は常々「旅は人に生きる喜びを与えるものだ」と言ってきましたが、復興支援という視点からみても、旅は経済的効果があるだけでなく、被災者を直接癒して勇気づけ、東北はもとより日本全体を元気にする力を持っていると思います。そこで、より多くの人が気軽に被災地を訪れやすくするとともに、現地にも義援金が寄付される、そんな仕組みが作れないかと考えました。

ヒントにしたのは、自動車や家電、住宅等の業界でも使われた「エコポイント制度」です。まず、被災地区に99カ所のスタンプラリーポイントを設け、旅行者にはツアーまたは個人でそのポイントを訪れて、持参のスタンプ帳にハンコを貯めてもらいます。旅行者は被災地を訪れることで被災者の方々と交流を持ち、彼らの話を聞いて励ましたり、勇気づけたりできるというわけです。もちろん被災地で泊まって食事をすれば地元の生産活動の促進にもつながるし、風評被害を解消するのにも役立ちます。さらに、貯めたポイントは国の運営する機構を通じて、復興資金の中から被災地に義援金として寄付される仕組みにすることで、経済面でも長期的な支援が行えます。国民みんなにこの「旅ポイント」運動に参加してもらい、東日本大震災という大災害の風化を防ぐこと。それこそが旅行業界が今なすべきことではないかと、僕たち経営塾では考えているのです。

それにしても今思えば、僕はこの経営塾のおかげで長生きしてるのかもしれません。78歳の今もこうして健康でいられるのは、経営塾で「塾長」として講義をしたり、毎週コラムを書いたりという責任感があるからじゃないかと。考えてみたら、78歳にもなって「いま何やってるの?」と聞かれて、「ボランティアだけど、経営塾の塾長をやっていますよ」って言えるとは、なんて幸せなことか。本当に僕は、この人生に後悔はありません。

山田の言葉通り、今の旅行業界はインターネットの台頭や経済の停滞などを背景に、実に大きな転機を迎えている。特に海外旅行のマーケットに関しては、1991年（平成3年）の湾岸戦争以降足踏みを続け、海外旅行の渡航者数は未だに2000万人の大台を超えられないままだ。もちろんそこには戦争や感染症の大流行など、業界の努力ではいかんともしがたい外的要因もあるだろう。だが、山田は「旅行業が停滞している最大の原因は、旅行会社が安売り競争に走って、旅に対するロマンを失っているからだ」と喝破する。

僕が経営塾を通して塾生たちに伝えたかったのは、何よりも「旅行業という仕事にやりがい、誇りを持ってほしい」ということです。最近は旅行会社も価格競争に翻弄されていますが、せっかく旅という「人に生きる喜びを持ってもらえる仕事」に関わっているのに、なんで価格競争とかくだらないことばかりやっているのか。旅行業に携わる人間一人ひとりが、自分の仕事について「これこそが俺がやるべき仕事だ」という誇りを持たなくちゃいけません。自分や自分の会社のためじゃなくて、世の中にとって自分たちがやってることはどのように役立っているのか、貢献しているのか、そういうことをもっと考えないとダメだと思います。

僕自身、旅行会社で働いているときは「人に喜んでもらえる仕事をすること」にずっと焦点を合わせてきたし、今も旅行業という仕事に誇りを持っています。そんな旅行業が、最終的に価格競争だけの世界になってしまったら、死んでも死にきれません。だって、旅行業は自分の青春ですよ。僕の人生そのものです。僕は負けず嫌いでわがままだから、自分の人生を賭けた旅行業が、現在の過小評価のままで終わってたまるか！と思う。お客さんを旅行に行かせるだけが旅行業ではないんです。若い人たちには、もっともっと大きな目で旅行業全体を見てほしいし、旅行業を社会から愛されるようにしてほしいと思います。

では、そのためにどうすればいいか。答えは簡単です。話が最初に戻りますけど、要は人の喜ぶことを考えたらいいんです、シンプルにね。そういう意味では、旅行業は「幸せ産業」の一形態だと思います。幸せ産業というのは、まだ業態としては存在していませんが、「幸せになりたい」という気持ちは、人間の根源的な欲求ですよね。具体的な幸せの形は人それぞれ違うけど、僕は「幸せ産業」という概念が興っていいと思うし、旅行業はその核になるべきだと考えています。逆にそうならない限り、旅行業は評価されないままです。だって旅行業というのは、人の人生とものすごく接点があるわけでしょう。僕は、人間の究極の欲望は「健康、学習、交流」だと思ってるんですが、旅はその欲求をすべて満たすことができるんです。そう考えれば、旅行業という仕事は子どもからお年寄りまで、有名無名関係なく、何億人という人に接点が持てるわけです。そんな産業って、他にないですよ。旅行業で働く人たちは、自分たちがそういう「幸せ産業」を作っていくんだ、その核になるんだという「志」を持って、これからの仕事に取り組んでほしいと思います。

「旅行産業経営塾」関係者とOBが語る

山田學の魅力

山田が塾長を務める旅行産業経営塾は、2013年春までの通算8年間で、累計300名以上の塾生を世に送り出してきた。塾生が勤める旅行会社は大手から中小までさまざまだが、みな山田との交流を通じて「仕事に対する考え方が変わった」「旅行産業全体について考えるようになった」という。OB会メンバーをはじめ経営塾に関わった面々に、塾長・山田の魅力を語ってもらった。

森谷博

学校法人トラベルジャーナル学園　理事長

山田學さんとは、長い間先代の森谷哲也が親しくさせていただいておりましたが、私自身が御指導をいただいたきっかけは、トラベルジャーナルグループの株式会社世界旅行博の社長に就任されてからでした。山田さんは、とにかく人情派でまた気概のある人です。しかし時と場合によっては少々困った時があります。特に世界旅行博の終了時の挨拶には、毎回感激のあまり号泣されるのです。こちらもついついつられてしまい、こらえるのが必死です。いつも毅然とした態度を取られていても、こういう時には學さんの人間性が出てしまうようです。また、なぜか私の子どもと同年代のお子様をお持ちで、子どもの事でも相談にも乗っていただいております。御自身も非常にお子様を大事にされている様子が窺われました。そして、なにしろお酒を徹底的に呑まれる方で、飲むとめっぽう陽気になられ、いつも明るい話題で楽しく御一緒させていただいております。是非これからも、熱い情熱を語っていただきながら共に楽しいお酒を飲んでいただければ幸いです。今後もご指導のほど宜しくお願いいたします。

小林天心

亜細亜大学教授・観光進化研究所代表・旅行産業経営塾講師

大手から中小まで、代理・媒介・取次などという手数料稼ぎ中心の業界の中で、チャーター便に挑戦したり、グアム島に子どもたちを連れてったりしていた山田さん。パッケージツアーなんてまだロクにない時代ですよ。「地球人学校」というネーミング自体、今でも十分通用する発想でしょう。だから私がまだ駆け出しだった頃、すでに山田さんは旅行業界におけるレジェンドだったのです。それで、一度ぜひ直接お会いしたいと会社に押しかけて行った。野次馬です。

大手の会社にはない自由な発想の旅行を、大手ならではの力の使い方で実行する。半世紀も前、手数料商売というノーリスクが常識の旅行業にあって、リスク・リターンという付加価値型商売に先鞭をつけた。半端じゃないんです。それで全日空と近畿日本ツーリストの双方をうまく口説きながら全日空ワールドをつくってしまった。何かしらの人を引き付けて離さない人間力もないと、こうはうまくいかない。やはり並のお方ではありません。

菊間潤吾

旅行産業経営塾　初代副塾長

學さんの魅力は、一言でいえば「ブレないやんちゃ」(笑)。旅の仕事は環境変化が激しいので、どうしても目先のことだけ考えて動きがちですが、學さんは先々まで見据えたブレないビジョンを持って、パワフルに突っ走っていくタイプ。そうするとどうしてもいろんな壁にぶつかるわけですが、學さんは壁を乗り越えるとか回り道するとかは考えもせず、常に壁をぶち壊して進んでいくんですよね(笑)。でも、その裏では実に細かい気配りもしていたりする。確かにやんちゃなんだけど、そういう志と人徳のある人物だから、今でもたくさんの後輩たちに慕われているんでしょうね。私自身も學さんの後を継いで、やんちゃに、そしてブレずに生きていきたいですね。憧れです(笑)。信念を持って仕事をしながら、遊びも熱心にやる。だって旅は人に喜びを与える仕事なんだから、まずは自分がいっぱい遊ばないとね。いい経験をしてこそ、いい旅が作れると思いますから。學さんのように競合他社から恐れられ、そして愛されてきた人はいません。業界のレジェンドです。

橋本亮一

株式会社ブルーム・アンド・グロウ代表取締役・旅行産業経営塾1期生

僕は以前から塾長の名前と評判は知っていたので、1999年に「あの山田學さんが経営塾を始めるらしい」と聞いて、すぐに入塾を決めました。塾長の一番すごいところは、圧倒的なリーダーシップを持っていること。塾長が熱く話を始めると、みんなぐいぐい引き込まれてしまうんです。話のうまいヘタじゃなくて、聴衆の心を一気にわしづかみにするエネルギーを持っているんですね。

それと、塾長はお客さんを騙したり、こすからい工作をして利益を上げるようなことを、ものすごく嫌います。自分も商売をしていると、どうしても「手段を選ばず1円でも多く稼ぎたい」と考えがちなところがあったんですが、塾長の話を聞いて「それは違う」と気づかされたし、塾長がそのことを真正面から主張したことに対しても、非常に感銘を受けました。「旅行業界で働く者は、自分の会社の利益だけを考えるのではなく、旅行業界全体を見渡す広い視点を常に持たなければならない」。これが僕が塾長から教えてもらったことです。これからも、僕らが困ったり迷ったりしたときには、いつでもアドバイスをくれる存在でいてほしいと思います。

黒田裕治

安曇野シンクタンク・旅行産業経営塾1期生
同塾OB会幹事運営委員

僕は塾長がハローワールドを立ち上げた頃に近畿に入社したので、「山田學」の名前は知っていましたが、一緒に仕事をしたことはありませんでした。実際にお会いしたのは、経営塾に参加してからです。第一印象は「やっぱり伝説になる人は違うな」と。年上の人にありがちな高圧的なところがまったくなくて、こちらからどーんとぶつかっていけば大らかに受け止めて、とことん話を聞いてくれる。本当にすごい人だと思いました。

そんな塾長が立ち上げた経営塾もまた、旅行業界にとって、とても大きな意義を持つ場になっていると思います。経営塾を通じて、旅行業界にそれまでなかった「横のつながり」が生まれて、塾生同士が会社の壁を越えて、互いにつながることができるようになった。それによって皆が「企業の論理」で動くのではなく、「旅行業が人に感動を与える存在になるために、自分は旅行業界の中でどんな役割を果たすべきか」と、真剣に考え始めたと思うんです。そういう意味では、塾長が旅行業界という池の中に投げた石が経営塾で、今、その波紋がどんどん広がっているといえるのかもしれませんね。

青木一之
モード・エー代表取締役・旅行産業経営塾2期生
同塾ＯＢ会副会長

僕は今、旅行業界向けのコンピュータシステムを作る会社を経営していますが、入塾当時はとある企業のインハウスの旅行会社にいて、出張手配などの仕事をしていたんです。経営塾に入って、塾長のような「人に感動を与える本当の旅行のプロ」の話を聞いて、「自分がやってきたことは本当の旅行じゃなかった」と思い知りました。同時に、自分は旅行業そのものよりも、旅行業界を裏からサポートする立場のほうが合っている、ということにも気づいたんです。それで勤務先が閉鎖されるタイミングで独立して、システム関連の会社を作りました。新しい会社では、塾長が旅行博の社長をしていたとき、一緒に仕事をさせていただきましたが、現場では塾長のすごさを実感しましたね。なんていうか、塾長がその場にいるだけで、一緒に働くメンバー全員が一つのチームになれるんです。社長だからといって上でふんぞり返っていることはなくて、常にメンバーに的確な指示を与えて、一人ひとりの力を100パーセント引き出してくれる。だから僕も旅行博が終わったときは、心から「この仕事をやってよかった」と、深い達成感を味わわせてもらいました。現役時代も、きっとそうやって部下に慕われていたんだろうなあと思います。

矢沢春美
旅行産業経営塾2期生
同塾ＯＢ会副会長

私はホールセラー勤務ですが、経営塾に参加して初めて、「うちの会社は旅行業界の中ではかなり特殊な存在なんだ」と気づきました（笑）。ホールセラーは普通の旅行会社のように、お客さんを集めて、お客さんの要望を聞いてツアーを企画して、という仕事はしませんから。自分はなんて狭い世界で20年以上働いてきたんだろう、と痛感しました。さらに塾長の話を聞いて、あの時代に地方空港発のＩＴＣチャーターや地球人学校など、実に斬新な企画を実現していたということにも、とても衝撃を受けました。自分も会社では積極的に新しい提案をしてきたつもりでしたが、塾長は「これはおかしい」と思ったら社内はおろか、取引先や政治まで動かして、新しいルールを作り上げてしまう。「ルールを打ち破るのは一人ひとりの情熱と志だ」という塾長の思いを知って、自分はまだまだ井の中の蛙だったと思いました。そして、自分も会社の中だけでなく、世の中に対しても自分ができることをしていこう、と思うようになったんです。その気持ちは、いま仕事をするうえでも大きな支えになっています。

川嶋泉
株式会社近畿日本ツーリスト神奈川・旅行産業経営塾２期生
同塾ＯＢ会幹事運営委員

僕が経営塾に入ったのは、トラベルジャーナル誌で塾長が「旅行業界を真に社会に認知される業界にしたい」と熱く書かれているのを読んだのがきっかけです。これだ！と思って入塾しましたが、期待に違わずとても勉強になったし、自分自身、ものの見方も大きく変わりました。それまで僕の周囲には、塾長のように「自分が言ったことについては必ず結果を出す」という人は一人もいなかったので、塾長の話にはすごく感動したし、僕も塾長が現役のときに一緒に仕事をしたかった！と思いましたね。当時は、部下にはものすごーく厳しかったそうですけど（笑）。あと、地球人学校も存在自体は以前から知っていましたが、実際にあのプロジェクトをやったのが塾長だというのは塾に入って初めて知って、びっくりしました。これだけスケールの大きなアイディアマンって、なかなかいないですよね。そしてもう一つ、経営塾を通じて、ビジネス抜きで一生付き合える仲間達と出会えたことも、僕の大きな財産になっています。

村山真実
株式会社ＰＴＳ代表取締役・旅行産業経営塾２期生

経営塾に入って塾長に初めて会ったときは、正直、おっかないおじさんだと思いました（笑）。こんな人が会社にいたら、周りは大変だろうなあと。でも、旅行について話し始めると、その語り口から「旅はいかに素晴らしいか」を伝えたいという思いが、強烈ににじみ出てくるんですよね。「旅は人に感動を与える」というポリシーを、理屈ではなく情熱で感じさせてくれる人だと思いました。

僕自身が経営塾に入って良かったと思うのは、ずばり、社長になれたことです（笑）。というのも、自分が社長になって気づいたんですが、組織マネジメントの本質って「いかに部下に気持ちよく働いてもらうか」なんですね。私はそれを塾長から学んだおかげで、社長になれたんだと思います。実際に自分がどの程度成長できたかはわかりませんが、経営塾での経験が自分の中に蓄積されて、それが仕事にも反映されていったことは間違いないですから。それに、僕以外にもうちの会社からは10人以上が経営塾に参加していますが、卒塾生は皆、会社で責任あるポジションについています。これもやっぱり塾長のおかげだと、心から感謝しています。

古谷聡紀

株式会社アドベンチャーガイズ・旅行産業経営塾新1期生
同塾OB会幹事運営委員

僕が勤めている会社は、旅行の中でも「登山専門」というちょっと特殊なところなので、一般的な旅行業界にはあまり縁がなく、塾長のことも最初はまったく知りませんでした。以前からの知り合いだった原さんに誘われて経営塾に入って、塾長やOBの皆さんの話を聞くうち、先輩方が日本の旅行業界をどうやって切り開いてきたのか、その歴史を初めて知ることができたんです。そして塾長の「旅行業界はみんなで一丸となって志を持ち、マーケットを広げていかなければならない」という話を聞いて、ものすごく共感しました。それまでの自分は、正直「自分の得意分野でうまくやって、ご飯が食べていければいいや」と思っていましたが、入塾後は「業界全体のマーケットを広げるために、自分もがんばってできる限りのことはやりたい」と思うようになりました。そのために大切なのはやはり「感動」なんだ、というのも、塾長から教えてもらったことです。これからもあの大きな器で、僕らを導いてほしいと思います。

工藤朋子

株式会社ジャルパック・旅行産業経営塾新2期生
同塾OB会幹事運営委員

私の入塾のきっかけは、同じ会社の先輩である矢沢さんに勧められたことです。正直、入塾したばかりの頃は、OBの皆さんが「山田さんはすごい人だ」と言っている意味がぜんぜんわからなくて、気さくなおじさんだなーくらいにしか思ってませんでした（笑）。でも入塾して1年経ってみて、なぜ皆が塾長の元に集まるのか、その理由がわかりました。そもそも今、私たちが当たり前だと思ってやっている仕事の多くは、実は最初はぜんぜん当たり前じゃなくて、塾長が業界のしがらみを切り崩して前例を作ってきたからこそ、当たり前にできるようになったんですよね。しかもそれを塾長は、近畿や全日空ワールドという大きな組織の中でやり遂げてきた。そのすごさに気づいてからは、私もすっかり山田教の信者になりました（笑）。あと、経営塾は塾長だけでなく、OBや同期にも人間的に素晴らしい方、気の合う仲間がたくさんいます。そういう方々と気軽にコミュニケーションできるということも、私が卒塾後もOBとして経営塾に関わり続けている理由だと思います。

旅行産業よ、旅行産業たれ——旅行産業経営塾の再開にあたって

——04年から6年間の休塾を経て、なぜ今、旅行産業経営塾の再開なのですか。

今立たずして、いつ立つのかというのが僕の率直な思いです。実はOB会の中には、休塾後2～3年で再開を望む声が上がり始めたけれど、そのころは、再開は時期尚早というのが僕の個人的な意見だった。しかし、今はまさに再開のタイミングだと思う。99年の開塾から10年を経て業界のジェネレーションも変わった。新しい世代に、あらためて旅行産業経営塾として伝えていくべきことがある。つまり塾を再開すべき時期が来たんだと、そう思うな。

もうひとつは、今まさに旅行産業が変革を求められ、変革しなければならない時だから。旅行産業を取り巻く環境がこの10年間で大きく変わった。念願だった観光庁が発足し、民主党政権では前原誠司国土交通相が観光重視を鮮明に打ち出し、旅行・観光産業への注目はかつてないほど高まっています。一方で、日本航空が経営破綻し、テロ事件や新型インフルエンザが旅行者を脅かし、業界はゼロコミッションに揺れている。いろいろな意味で旅行産業は、待ったなしの変革を迫られている時期なわけです。だからこそ、今が旅行産業経営塾再開のタイミングだし、その意味では待っていたかいがあった。

自立した生業の原点を

――では、変革を迫られている、その旅行業界の現状についてはどのように感じていますか。

これまで旅行産業は、航空会社や宿泊施設といったハコモノ産業の代理役、ないしはダンピングのためのダミー役を引き受けることで利益の多くを得てきた面があります。ところが、そんな役割はウェブが簡単に取って代われるから、航空会社や宿泊施設側に「これからはゼロコミッションだ」「もう旅行会社は要らない」と言われてしまった。言葉を換えれば、KBに頼った〝おねだり商売〟をしてきたツケがまわってきたのです。もちろん、消費者に還元してきた面もあるけれど、やっぱり旅行産業の自立した生業は何か、旅行会社はなぜ世の中に存在しているのか、そこをしっかり見つめ直す必要がある。僕は、旅行産業がこれまでのあり方から完全に脱皮する大チャンスなんだと受け止めています。

旅行・観光産業の中では輸送機関も宿泊施設もハード産業であって、ソフト産業は旅行会社しかない。だから心に響く旅、心に残る旅を提供しようと思えば、それをできるのは旅行会社しかない。ところが、そんな役割を旅行会社が果たしてこなかったわけです。本当はここにこそ旅行会社の生業があるはずなんだけれどね。そこを皆にわかってもらわなきゃなりません。

アメリカで「Let Obama Be Obama（オバマよ!・オバマたれ!・）」というフレーズが使われているそうだけど、僕は「Let 旅行産業 Be 旅行産業」、つまり「旅行産業よ!・旅行産業たれ!・」と言いたいね。

――1999年から5年間の旅行産業経営塾を振り返っていただくと。

ひとつの業界で、年間を通じて同志が集う塾というのは他に例がありません。松下政経塾ってあるけれど、あれは業界塾ではないから。同業者同士で切磋琢磨して骨太の人材を育成しようという、素晴らしい志のもとに、会社の枠を飛び越えて仲間が集まった。それによって同じ業界内でありながら損得勘定抜きの仲間が200人近くできた。これは本当にすごいことですよ。

大阪、名古屋はもちろん、九州や北陸などからも塾生がやってきた。なかには、はるばるパリから参加した塾生もいた。そして、OBは皆、旅行産業で活躍しています。素晴らしい講師の皆さんにも恵まれた。第1期の最終講義には、講師としてJTBの船山龍二社長（当時）が登壇してくれた。そして、船山氏は今や旅行・観光産業の連合体の隊長とも言える日本ツーリズム産業団体連合会（TIJ）会長として大活躍しています。その船山会長に再開後の第1回目の講義をお願いしたところ、快諾を頂いた。本当にありがたいことです。

もうひとつ言えば、こうしてOB会が自ら主体となって塾を再開するということ、それこそが旅行産業経営塾の志の発露だし、旅行産業経営塾の旅行産業経営塾たる誇りですよ。

勇気をもって行動する

——再開する旅行産業経営塾を通して、塾長として伝えていきたいことは何でしょう。

旅行会社はなぜ安売りに走るのか。なぜ価格競争ばかりなのか。ソウル2泊3日1万9800円、それでいいわけはない。本当はそうじゃなくて、旅には夢もロマンもあるはずだと、そう言いたい。僕は旅行産業を夢とロマンのある産業にしなくては駄目だと言い続けているけれど、そんなことを言うと「またキレイ事を言っている」「現場を持ってないからカッコイイことを言えるんだ」と反発する人がいることも承知しています。でも、まず理想を掲げる大切さを説きたい。理想を掲げなくてはブレが生じる。志を持ってあるべき姿を描き、そこへ向かって行動していく。それが重要だと思いますね。

前回の塾の反省もある。志を持って塾生が大いに議論し、意見を戦わせたことには大きな成果を感じたが、惜しむらくは、行動の点では不十分だったな。今振り返ればそれが反省点。だから再開する塾では「勇気を持って行動する」ことを重視したいと考えています。旅行産業経営塾として、社会に対して何らかの発信を行い、具体的に働きかけていきたい。塾の役目のひとつとしてね。

——旅行産業へのメッセージをお願いします。

かつてJATA経営フォーラムのモデレーターを務めた際に「旅行・観光産業を21世紀の基幹産業にしていかねばならない」と提言したけれど、まさに時代はそのように動いてきた。自動車産業も繊維産業も電機産業も、各産業が変革の必要に迫られ、製造業というより価値創造産業への転換に必死になっている。なおかつ製造業は人件費や為替の問題で生産基地をどんどん海外移転している。外へ出ていかざるを得ないのが現実ですよ。

ところが同じ価値創造産業でも旅行・観光産業は違う。生産基地が外へ出ていくことはない。しかも日本は四季の美しい自然に恵まれ、文化遺産も豊かで、ホスピタリティーもあり、国民は親切で治安もいい。こんな国は世界中を探してもありません。このような国で旅行・観光産業を国の基幹産業にしない手はないし、しなきゃいけない。雇用を生み、地域格差を是正し地域の自立を図る。交流人口を呼び込むことで少子化対策にも役立つ。すべての面で日本が抱える問題を解決できるのが旅行・観光産業。こんな産業はほかにないのです。

つまり、旅行・観光産業には日本の基幹産業になるべき環境が整っているわけですよ。にもかかわらず旅行・観光産業自身は、大変だ、厳しい、苦しいと後ろ向き。しかし、こんなにいい環境があるのだから、今こそ堂々と基幹産業を目指そうじゃないかと、こう言いたいですね。

さらに海外に目を広げれば、アジアには年収350万~500万円の中間層が8億8000万人もいる。今、日本の旅行・観光産業はここにアプローチできていないけれど、これだけの可能性が近くにある。我々はもっと自信を持っていいはず。旅行・観光産業は日本の基幹産業として、主役になる時を迎えている。そう思っています。

[初出／「週刊トラベルジャーナル」2010.3.1／聞き手／編集長・細谷昌之　構成／高岸洋行]

大震災からの復興へ「旅ポイント」の設定を――旅行産業経営塾から旅行業界への提言

Travel gives life.

このゲーテの言葉を「旅は人に生きる喜びを与えるものです」と訳して50数年間、私の「ものの見方、考え方、決め方」の根幹の信念であり、経営の理念としてきました。また、旅は「人を元気にする、豊かにする、いきいきさせる」力を持っています。

今、日本は東日本大震災と福島原子力発電事故の2つの災害で未曾有の危機に直面しています。政治、経済、社会全体が混乱しているなか、国民は不安を抱くと共に、被災者への思いやりで旅行自粛ムードが強い状況です。

特に我々が携わっている旅行・観光産業において、全国の観光地の悲鳴が大きな問題を呈して来ています。

政治、行政の諸施策は当面の急でありますが、一番大切なことは個人にとっては仕事、地域にとっては地域経済の立て直しが課題です。日本全体では政治の安定と経済の活性化と同時に新しい国づくりのビジョンが求められています。

当面の補正予算措置や義援金による支援もさることながら、持続可能な復興策としての観光産業の重要性に配慮すべき「とき」だと考えます。

観光産業は震災以前から日本の成長戦略産業に位置付けられていました。我国のツーリズム産業は28兆円と推計され、その波及効果は60兆円、付加価値効果は30兆円、雇用効果は480万人という規模になります。

特に旅行・観光産業は地域経済の柱、内需拡大、雇用創生に大きく貢献しています。また運輸・宿泊機関等は増産やストックが不可能であるだけに、現在の風潮による観光不振は大きな痛手を被り早急な対策を講じなければなりません。

そこで、一般国民が旅することは不謹慎な行動でなく、むしろ復興に役に立っているんだとの認識を持っていただくよう「旅のすすめ」を促進・普及する案を提案する次第です。旅行業界からの発案でなく、国・地域を挙げてのキャンペーンとし、かつて家電・自動車のエコポイントで効果を上げたように「旅ポイント」を創設したい。

「旅することで応援します」「旅で日本を元気にしよう」をキャッチフレーズに、国内旅行を積極的に推進することにより災害地復興を図りながら、新しい国づくりの起爆剤にしたいという思いでいっぱいです。

具体的には、観光関連団体などが中心となり、経済団体も含めた実行委員会を設置して、具体案について検討していただければと考えます。

観光の真の価値は「地域の人が地域の誇りと自信を持って人を受け入れることで、もてなす側も、もてなされる側のいずれも幸福になれる」。

この言葉は日本の経団連の有力経済人のご発言です。

［初出／「週刊トラベルジャーナル」2011.4.18／Opinion 論壇］

山田學の仕事の足跡

年	年齢	山田學とその周辺の出来事	旅行産業における出来事	日本国内の出来事
1955年（昭和30年）	21歳		●9月　日本ツーリストと近畿日本航空観光が合併し近畿日本ツーリスト誕生。	●神武景気（谷1954・11〜山1957・6）。
1956年（昭和31年）	22歳	●4月　近畿日本ツーリスト（KNT）入社。名古屋航空船舶営業所に配属される。		●5月　売春防止法が成立。
		●初めての航空チケット販売で「高級ポン引き」呼ばわりされ、「今に見とれ」と見返しを誓う。		●7月　経済白書「もはや戦後ではない」。
		●初任給7000円のはずが半額の3500円しか入っていないことに怒って人事課長と大喧嘩。その晩、全額飲んでしまう。		●10月　日ソ共同宣言と日ソ通商航海議定書調印も、北方領土問題は取り残される。
		●親会社である近鉄社員の顧客対応を批判したことで大喧嘩に。最後まで謝らず。		●11月　日本南極観測隊出発。
				●12月　日本が国連に加盟。
1958年（昭和33年）	24歳	●7月　三級所長代理として福岡航空船舶営業所に着任。「後発のKNTは、JTBや阪急がやっていないことをやらにゃあかん」。		●11月　岩戸景気（谷1958・6〜山1961・12）。
		●7月　エールフランス機内で「Travel gives life.」という言葉に出合う。		●8月　日清食品「チキンラーメン」発売。
		●旅券課の麻雀友達と結託して戦争花嫁の海外渡航を一手に引き受け、日本航空福岡支店の国際線売上ナンバー1に。		●12月　東京タワー完成。
		●「たったの39ドル50セントで東京行き航空券が買えます」の売り文句で、米軍基地内で米兵に航空券を販売。		
1959年（昭和34年）	25歳			●4月　皇太子ご成婚。「ミッチーブーム」到来。

1960年（昭和35年）	26歳	●目をかけてくれていた馬場専務に「山田、東京へ出てくるか」と誘われるも、「次に行くのは大阪がいい」と自分で転勤先を指定。		●6月 安保闘争国会デモで東大生樺美智子死亡。 ●7月 岸内閣総辞職。 ●7月 第1次池田内閣「所得倍増計画」。 ●9月 カラーテレビ本放送開始。 ●10月 日本社会党委員長・浅沼稲次郎の暗殺がテレビで生中継。
1961年（昭和36年）	27歳	●1月 大阪航空営業所に係長として着任。 ●帝人で「海外出張の手配を近畿に頼みたい」と言わせるために、「ネクタイをもう1本」で写真撮影の手間を省き、戸籍謄本も常備する作戦で大成功。		●4月 ソ連の宇宙飛行士ガガーリンが、人類最初の宇宙飛行。「地球は青かった」。
1962年（昭和37年）	28歳			●2月 東京の常時人口1000万人を突破。
1963年（昭和38年）	29歳	●7月 虎ノ門航空営業所に所長として着任。		●8月 堀江謙一の太平洋横断成功。 ●11月 ケネディー米大統領暗殺。
1964年（昭和39年）	30歳	●東京オリンピックのフェリー便を使って、日本初の海外チャーター実施。約3000名の日本人を欧米へ送客。	●4月 海外観光旅行自由化（1人年1回500ドルの制限付き）。	●10月 東京オリンピック開催。 ●10月 東海道新幹線開業。 ●11月 池田内閣総辞職。第1次佐藤内閣「寛容と調和」。
1965年（昭和40年）	31歳		●1月 日本航空が「ジャルパック」を発売。	●2月 米空軍機、北ベトナム空爆開始。 ●3C（車、カラーテレビ、クーラー）時代。
1966年（昭和41年）	32歳	●1月 本社航空旅客営業部課長へ昇任。	●2月 全日空機ボーイング727、羽田空港沖で墜落。	●6月 ビートルズ来日。

		●航空旅客営業部の部内報「旅客情報」発刊。		●NHK朝の連続ドラマ「おはなはん」人気。
				●ひのえうまで今世紀最少の出生数。
1967年（昭和42年）	33歳			●4月　美濃部都政開始。
				●ミニスカート流行、グループサウンズ人気。
1968年（昭和43年）	34歳	●「羽田空港に眠っている飛行機を起こせばいい」と、香港・台湾に夜這いチャーターをオウンユースで開始。60日間で58便を飛ばす。		●12月　3億円事件（東京・府中）発生。
1969年（昭和44年）	35歳			●1月　警視庁機動隊、東大安田講堂の封鎖を実力解除。東大入試中止。
				●5月　東名高速道路全線開通。
				●流行語「オーモーレツ」「アッと驚くタメゴロー」。
1970年（昭和45年）	36歳	●1月　本社航空旅客営業部部長へ昇任。	●7月　日本航空のジャンボジェット機B747が太平洋線に就航。	●3月　日本万国博覧会、大阪で開催。
		●ブリティッシュ・エアウェイズ（BA）木曜日便エコノミー席を1年間買取（ブロック・オフ・チャーター）。価格交渉に赴いたBAのロンドン本社では、土産に持っていったキヤノンの計算機で〝そろばん交渉〟し、10億円で契約。ツアー価格に日本で初めてシーズナリティーを導入。	●12月　旅券法の改正により、数次往復用旅券の有効期間は5年に。	●11月　三島由紀夫、東京・市ヶ谷の陸上自衛隊駐屯地で割腹自殺。
1971年（昭和46年）	37歳	●2月21日、全日空国際線チャーター1番機を香港へ送り出す。	●5月　「旅行あっ旋業法」を改め「旅行業法」制定。	●7月　マクドナルド日本1号店オープン。
		●DC8ストレッチャーを使って、ハワイチャーター「懸賞旅行限界の99、900円ハワイ旅行」実現、通称トリプルナインを開始。最終便が日米チャーター便数制限に引っかかるも、パン・アメリカン航空（PA）とBAの救援で窮地を脱する。	●11月　新旅行業法施行。	●8月　ニクソン声明によるドル・ショック。

		●7月　トリプルナインがダンピングとJTBから指摘され、JATAに社長が陳謝したことに怒り、馬場副社長宅に辞表を持参。副社長から「本当は何やりたいんだ」と詰め寄られ、「ひまわりマークをつけて、世界の空を飛ばしたい」とチャーターオペレーターの構想をぶち上げた。「だったら、会社を作ればいい」の副社長の一言で、翌日から新会社設立準備に奔走。		●12月　円切り上げ1ドル308円。
		●10月　KNTプロジェクトセンター部長へ着任。		●ボウリング流行。
1972年（昭和47年）	38歳	●10月　ハローワールド（HALLO WORLD）設立。山田は常務取締役に。資本金1250万円、社員7名でスタート。	●海外渡航者数、初めて100万人突破。前年比45%増の139万人。	●2月　札幌オリンピック冬季大会開催。
		●10月　ハネムーン向けに第一回「ハローツアー・チャペル・スイス」発売（78名送客）。	●1月　阪急交通社「グリーニングツアー」発表。	●2月　連合赤軍による浅間山荘事件発生。
		●「グアム島を東洋のマヨルカ島に」との目標を立て、日本航空グアム便を毎便80席買取る。	●1月　KNT「ホリデイ」発表。	●5月　沖縄返還。
			●2月　日本旅行「マッハ」発表。	●7月　第1次田中内閣。
			●10月　第1回一般旅行業務取扱主任者試験実施。	●9月　日中国交回復。
				●10月　中国からジャイアントパンダ2頭（ランランとカンカン）、羽田に到着。
1973年（昭和48年）	39歳	●6月　ハローワールド、一般旅行業認可取得。	●7月　IATA交換レート308円から296円へ。	●2月　円が変動相場制に移行。
		●7月　相互銀行で「ハローツアー積立」取扱開始。		●4月　国民の祝日法改正により振替休日実施。
		●グアムカクエイホテルに送客企画案を提出、企画料200万円収受。		●8月　金大中事件発生。

				●10月 第1次石油ショック。店頭からトイレットペーパーがなくなる。 ●11月 セブン-イレブン・ジャパン設立。
1974年（昭和49年）	40歳	●グアム島へ日本航空、PAのチャーター62本、ハワイ、香港含めて74本のチャーターを実施。 ●会員制グアムカクエイホテル送客オペレーション開始（グアム島）。 ●「ハローGX」名で、ユニット商品を業界に初登場させる。	●3月 旅行業綱領を制定。 ●8月 海外ツアーオペレーター協会（OTOA）設立。	●3月 小野田元少尉、ルバング島で救出。 ●8月 ニクソン米大統領、ウォーターゲート事件で辞任。 ●10月 巨人軍長嶋茂雄現役引退。 ●10月 佐藤栄作前首相、ノーベル平和賞受賞。
1975年（昭和50年）	41歳	●「第1回地球人学校」をグアム島で実施。「地球が教室、先生は地球、教科書も地球」をテーマに、「子どもの心に冒険心と自立を養う」を目標として統計707名をグアムに送客。	●1月 世界観光機構（WTO）発足。 ●10月 ルック旅行商品の通信販売を開始。 ●11月 PA、東京―ニューヨーク間ノンストップ便開設。	●4月 サイゴン陥落・ベトナム戦争終結。 ●7月 沖縄海洋博覧会。 ●11月 フランスで第1回サミット開催。
1976年（昭和51年）	42歳	●「地球人学園ザルツブルグ」発表・実施。	●6月 旅行業が日本標準産業分類で格上げ。	●「およげ！たいやきくん」大ヒット。
1977年（昭和52年）	43歳	●「女性のための台湾」発表・実施。 ●全日空バリ島チャーター実施。	●11月 コンコルド、ロンドン・パリからニューヨークへ運行開始。	●9月 王貞治ホームラン世界記録756本。 ●平均寿命世界一になる。
1978年（昭和53年）	44歳	●9月 ITC解禁に伴い、ハローワールドが全日空グループに移行することが内定。 ●9月7日、日経新聞「全日空海外旅行販売へ」スクープ。 ●9月19日、ハローワールド臨時株主総会で全日空ワールドと社名変更。山田は常務取締役に就任。	●1月 東急観光「トップツアー」発表。 ●5月 新東京国際空港（成田）開港。 ●9月 運輸省がITC（Inclusive Tour Chartar：包括旅行チャーター）解禁を決定。	●4月 キャンディーズ解散コンサート。 ●4月 池袋にサンシャインシティー60開館。 ●8月 日中平和友好条約、北京で調印。

				●10月 円高騰、最高値175・5円。 ●ピンク・レディー人気。
1979年（昭和54年）	45歳	●4月 ITCハローツアー第一便、福岡から香港へ。「あなたの街から海外一直線」で地方発のチャーター年間157便。ツアー名は「ハローツアー」とし、販売拠点を大手旅行会社、地元旅行会社、全日空ワールドの3か所に分割して価崩れを防止。 ●ツアー・ディレクター第1期生誕生。	●7月 中国旅行自由化（一般公募ツアー解禁）。	●2月 第2次石油ショック。 ●6月 東京サミット。 ●7月 ソニー「ウォークマン」発売。 ●11月 円大幅下落で240円に。
1980年（昭和55年）	46歳	●ITCハローツアー年間268往復便。 ●ハローレディ制度発足。 ●BA利用ハローツアー・ヨーロッパ販売。	●4月 日本交通公社が「トラベルプラザインターナショナル」を設立。 ●10月 運輸省観光部が「日本人海外旅行の健全化について」JATAへ通達。 ●12月 円貨持出限度額1人500万円まで引き上げ。	●2月 ダイエー小売業初の年商1兆円実現。 ●3月 山口百恵が三浦友和との婚約を発表。 ●12月 日本の自動車生産台数が米を抜く。
1981年（昭和56年）	47歳	●ロンドン、パリに駐在員。 ●ノースウエスト（NW）利用ハローツアーアメリカ・ハワイ販売。窓際のペアシート、ダイレクト・チェックイン、ホテルフロア保証など発表。 ●ロサンゼルスにHALLO USA設立。ホノルルに同社の支店を開設。		●3月 ピンク・レディーが最終公演。 ●4月 初のスペースシャトル打ち上げ成功。
1982年（昭和57年）	48歳	●11月 全日空、初めてのアメリカ領土への就航便としてグアムチャーター便実現。 ●「全日空ワールド10年史」刊行。	●9月 運輸省が日米間チャーター便の配分を決定（全日空60便、日本航空240便）。	●12月 テレホンカード使用開始。
1983年（昭和58年）	49歳	●ミュージカル「キャッツ」をニューヨークに見に行くツアー「キャッツ・エクスプレス」（2泊4日）を実施。NW機チャーター便で400名を送客。	●4月 改正「旅行業法」施行。主催旅行の適用は7月1日から。 ●4月 大蔵省が主催旅行保険を認可。	●4月 東京ディズニーランド開業。

1984年（昭和59年）	50歳		●12月　第1回世界旅行博開催。	●6月　エリマキトカゲが日本に初上陸。
				●11月　厚生省、日本が世界一の長寿国と発表。
1985年（昭和60年）	51歳	●12月　全日空、国際線参入認可取得。	●9月　JATAが「旅は世界の潤滑油」のキャッチフレーズで海外旅行促進のキャンペーン開始。	●8月　日航ジャンボ機が群馬県御巣鷹山の山中に墜落。
		●山田、代表取締役専務に就任。		●9月　G5によるプラザ合意。円高ドル安へ。
				●11月　阪神タイガース、初の日本一に。
1986年（昭和61年）	52歳	●3月3日　全日空、初の国際線定期便として東京―グアム線就航、山田の夢実る。全日空の若狭会長「全日空ワールドは、全日空が世界に進出するための水先案内人だ」と賞賛。	●2月　ユナイテッド航空がPAの太平洋路線を正式に引き継ぎ、PAは日本路線から撤退。	●4月　男女雇用機会均等法施行。
		●7月　全日空、ロサンゼルス線就航。		
		●7月　全日空、ワシントン線就航。	●4月　日本から欧州行きの直行便開設。	●4月　チェルノブイリ原発事故発生。
		●ロンドンに全日空ワールドの現地法人AWT EUR設立、パリにその支店を開設。販売高100億円突破。	●12月　日本人海外渡航者数500万人突破。	●7月　労働者派遣法施行。
		●全日空ワールド、チャータービジネスから定期便を使ったツアー販売に順次移行。		●円高ドル安進行。1年で230円近辺から150円近辺へ。
		●グアム島内巡回トロリーバス運行開始。		●11月　バブル景気（谷1986・11～山1991・2）。
1987年（昭和62年）	53歳	●山田、副社長に就任。	●9月　運輸省が「海外旅行倍増計画」（テン・ミリオン計画）を策定。	●4月　国鉄分割民営化。
		●ハローツアー中国、オーストラリア発表。	●11月　日本航空民営化。	●10月　NY市場ブラックマンデー株暴落。
				●12月　1ドル＝122円で最高値更新。
1988年（昭和63年）	54歳	●グアム「ドレスアップディナー」発表、好評。	●10月　グアムへの米国査証（B1、B2）免除。	●3月　東京ドーム球場完成。
			●11月　JTBと日本通運が「ルック」の提携関係解消。	●3月　青函トンネル開通。
				●9月　ソウル・オリンピック開催。

				●10月　東京地検特捜部、リクルート本社を一斉捜査。
1989年（昭和64年／平成元年）	55歳	●ANA's カリブ、全日空ハローツアー・ヨーロッパ発表。 ●「お申込みと同時に便名が決まります」のサービスが好評を博し、販売高200億円。	●1月　日本通運が「ルック・ワールド」発表。 ●6月　天安門事件で中国旅行自粛。	●1月　昭和天皇崩御。元号が平成へ。 ●4月　一般消費税導入（3%）。 ●6月　天安門事件発生。 ●11月　ベルリンの壁崩壊。 ●12月　日経平均株価、最高記録3万8915円をマーク。
1990年（平成2年）	56歳	●「香港シンデレラ物語」実施。	●9月　30年続いた「兼高かおる世界の旅」終了。 ●10月　日本航空「ジャパンエアチャーター」設立。 ●11月　日本人海外旅行者が1000万人を超える。	●10月　東西ドイツ統合。
1991年（平成3年）	57歳	●湾岸戦争の影響でツアー自粛が相次ぐ中、「ヨーロッパ添乗員付2名催行保証」のツアーを実施、販売高300億円。	●1月　「ジャルパック」が「アイル」に名称変更。 ●2月　湾岸戦争でキャンセル続出。 ●7月　運輸省、「観光交流拡大計画」（ツー・ウェイ・ツーリズム21）を策定。	●1月　湾岸戦争。 ●12月　ソ連邦崩壊、ゴルバチョフ大統領辞任。
1992年（平成4年）	58歳	●全日空ワールド創立20周年記念社員旅行へ（261名参加）。	●12月　成田空港第2ターミナル併用開始。	●3月　長崎県佐世保市にハウステンボス開業。 ●9月　公立学校の週休2日制（月1回）スタート。 ●9月　毛利衛、スペースシャトル・エンデバーで宇宙へ。
1993年（平成5年）	59歳	●新生「地球人学校・ふれあいウォーク」実施、369名が参加。	●1月　JATA「地球にやさしい旅人宣言」を採択。	●1月　EC市場統合スタート。

			●2月　海外主催旅行業務営業保証金３７５０万円から７０００万円に引き上げ意向をＪＡＴＡが表明。	●5月　サッカーＪリーグ開幕。
			●6月　海外職場旅行4泊5日まで非課税扱い。	●8月　細川連立内閣発足。38年ぶりの非自民政権。
			●9月　羽田空港新ターミナルオープン。	●12月　法隆寺、屋久島等が世界遺産に。
			●11月　ＪＴＢ、「ルック」と「パレット」を「ルックＪＴＢ」に統一。	
１９９４年（平成６年）	60歳	●関空発ハローツアー発表。	●4月　名古屋空港で中華航空機事故。	●6月　円、ついに１００円割れ（９９・８５円）。
		●「地球人学校・ふれあいウォーク」が第１回「ツアー・オブ・ザ・イヤー」のグランプリを受賞。	●6月　運輸省旅行問題研究会、「今後の旅行業のあり方（中間報告）」発表。	●6月　松本サリン事件発生。
			●9月　関西国際空港開港。	●6月　村山内閣発足。
			●10月　「旅行業の主体性確立にむけてＪＡＴＡの最終見解案」を発表。	
１９９５年（平成７年）	61歳	●フュッセン市制７００年祭に参加。	●5月　「旅行業法」改正。旅程保証制度導入。	●1月　阪神・淡路大震災発生。
		●ANA's ロスカボス発表、販売高４００億円。	●11月　一般旅券の有効期間10年に。	●3月　地下鉄サリン事件発生。
				●11月　「Windows95」日本発売開始。
１９９６年（平成８年）	62歳	●ハローツアー「ふたりの冒険」「ふたりの想い出」発表。	●4月　新旅行業法施行。	●1月　大手スーパー各社が全国で元日営業を実施。
		●この年の送客数25万人、ハローワールド時代からの累計は、合計２０２万人。	●10月　ＪＴＢ格安航空券販売に進出。	●12月　ペルー日本大使公邸をゲリラが襲撃。
			●グアム島日本人観光客１００万人突破。	
１９９７年（平成９年）	63歳	●山田、常勤顧問に就任。「全日空ワールド25年史」刊行。	●3月　羽田空港の新C滑走路が供用開始され、24時間運用可能な空港に。	●4月　消費税5%に引き上げ。
		●「フランスにおける日本年」でイベントを実施。		●7月　香港中国に返還。
		●販売目標５１３億円を達成。		●山一証券ほか金融機関の破綻相次ぐ。

1998年（平成10年）	64歳	●旅の安全を祈願して1966年から始めた社内の恒例行事、明治神宮参拝が125回を達成。	●9月 スカイマークエアラインズ就航（東京―福岡間）。	●2月 長野オリンピック冬季大会開催。
1999年（平成11年）	65歳	●3月 山田、全日空ワールド退社、ガク・アソシエイツ設立代表就任。 ●全日空ワールドの社員が海外を含めて500名を突破。 ●5月 旅行産業経営塾塾長に就任。2003年度まで、第1期生～第5期生216名を卒業させる。		●1月 EC統一通貨、ユーロ誕生。 ●2月 NTTドコモ・iモードのサービス開始。
2000年（平成12年）	66歳	●3月 旅行産業経営塾第1期生卒業。	●2月 改正「航空法」施行。運賃設定を自由化。 ●6月 日中両国政府、中国から日本への団体観光旅行を9月解禁で合意。	●4月 介護保険制度がスタート。 ●5月 ロシア大統領にプーチン就任。 ●企業倒産の負債総額約25兆円で過去最悪。
2001年（平成13年）	67歳		●2月 羽田空港からの国際チャーター便運航開始。	●9月 米国同時多発テロ事件発生。 ●10月 米軍、アフガニスタン空爆開始。
2002年（平成14年）	68歳	●3月15日、グアム政府よりAncient Order of the Chamorri（名誉市民賞）受賞。記念講演をグアム島で行う。	●4月 成田空港の暫定平行滑走路が供用開始。 ●10月 日本航空と日本エアシステムが経営統合。	●4月 公立学校の完全週休2日制実施。 ●5月 日韓共催サッカーW杯。 ●9月 日朝首脳会談。北朝鮮の拉致被害者5人帰国。 ●10月 バリ島でテロによる爆発事件発生。
2003年（平成15年）	69歳		●4月 国土交通省の「グローバル観光戦略」に基づき、ビジット・ジャパン・キャンペーン（VJC）実施本部事務局が発足。 ●11月 日韓4社が羽田―金浦間チャーター便運航を開始。	●3月 イラク戦争勃発。 ●4月 日経平均7607円、20年前の水準に。

				●4月　重症急性呼吸器症候群（SARS）感染広がる。 ●10月　阪神タイガース、18年ぶりの優勝。
2004年（平成16年）	70歳	●3月　旅行産業経営塾第5期生卒業、以後6年間休塾する。 ●9月　JATA国際観光会議・世界旅行博・社長就任。	●12月　羽田空港第2ターミナルがオープン。	●1月　アジア各地で鳥インフルエンザ広がる。 ●12月　スマトラ沖地震による津波で、タイ、モルディブ、スリランカなどインド洋沿岸諸国に大被害。
2005年（平成17年）	71歳	●明海大学ホスピタリティー・ツーリズム学部客員教授に着任。	●1月　航空会社が燃油サーチャージを設定。 ●2月　中部国際空港開港。	●4月　個人情報保護法施行。 ●9月　解散総選挙で自民党圧勝。 ●10月　郵政民営化法案可決。 ●日本の総人口初の減少（1億2776万人）。
2006年（平成18年）	72歳			●2002年1月からの景気拡大がいざなぎ景気を抜く。
2007年（平成19年）	73歳		●3月　LCCジェットスターが日本路線第1弾として、関空―ブリスベン―シドニー線就航。	●12月　トヨタ世界生産台数でGMを抜き世界第1位に。 ●食品会社の偽装事件相次ぐ。
2008年（平成20年）	74歳		●4月　VWC（ビジット・ワールド・キャンペーン）2000万人推進室発足。 ●10月　「観光庁」創設。	●8月　北京オリンピック開催。 ●9月　米国リーマン・ブラザーズ経営破たん。
2009年（平成21年）	75歳	●6月　旅行産業での53年間に一区切り宣言をする。	●7月　中国訪日個人観光ビザ発給開始。	●1月　米国大統領にオバマ就任。 ●4月　新型インフルエンザ発生。 ●8月　民主党、衆院選で圧勝し政権交代。

2010年（平成22年）	76歳	●5月　旅行産業経営塾、OB会主導で再開。再び塾長に就任。2012年度までに、新第1期生～新第3期生120名を卒業させる。	●1月　日本航空会社更生法適用。	●6月　小惑星探査機「はやぶさ」帰還。
			●10月　羽田空港新国際線ターミナル供用開始。	
2011年（平成23年）	77歳			●3月　東日本大震災、福島第一原子力発電所事故発生。
				●12月　貿易収支が31年ぶりの赤字に。
2012年（平成24年）	78歳		●3月　国内企業としては初となるLCC、ピーチ・アビエーションが関西国際空港を拠点として就航開始。	●4月　関越自動車道にて高速ツアーバス事故。
				●5月　東京スカイツリー（高さ634m）開業。
				●7月　ロンドンオリンピックで日本史上最多のメダル数獲得。
				●10月　iPS細胞の山中伸弥医学博士がノーベル生理学・医学賞受賞。
				●12月　衆院選で自民党圧勝、政権復帰。
				●竹島、尖閣諸島の領有権問題が顕在化。

注）「日本旅行業協会50年史」および「全日空ワールド25年史」等を参照させていただきました。

あとがき

旧友に旅行産業経営塾の名刺を出したとき、英文略称ＢＳＴｉを見て、「ｉが小文字になっているのはどうして？」と聞かれました。旅行業でなく旅行産業であることにこだわったのでindustryそしてinternetの「ｉ」、日本語の「愛」を込めて小文字にしたと答えました。彼は「今はアップルのiPhone, iPadやノーベル賞の山中伸弥教授のｉＰＳ細胞などに〝ｉ〟が付いている。十数年前にｉをつけたのだから、先見の明だね」と褒めてくれました。塾の発案者であるトラベル・ジャーナル会長の故森谷哲也氏の「それいいね、それにしようよ、ガクちゃん」というひと言とあの独特の言い回しを思い出します。

経営塾の原塾頭、幹事諸氏はじめＯＢ会の皆からの総意の形で、出版の話を頂きました。山田個人の単なる自慢話、成功物語と受け止められるようでなく、幾多の心を一にした同志の努力の歴史の１ページになるならばと、ご好意に甘えた次第です。

塾での講義、年１回の塾長講話、明海大学での特別講義、静岡県や郷里の滋賀県長浜市、その他、講演の機会をいただいたときの事を中心に話しました。また、トラベルジャーナル誌上に掲載したものも取り上げていただきました。

私の特筆すべき活動は、1．チャータービジネスの導入――新しいマーケットの創造、2．グアム島の開発――常夏のリゾート地を目指して、3．地球人学校の創設――旅は生涯教育でもあるとの社会への提案、4．全日空の国際線就航への支援と実現――日本の国際競争力の強化と市場拡大、の4つです。

また、私を育んでくれた近畿日本ツーリスト（KNT）の旅行業初の株式上場を果たす際、在職中に業績貢献できたこと。全日空ワールドでITC普及と地方空港の活性化に寄与したこと。インハウスホールセラーの立場での新商品開発と旅行業界の販売増大に寄与したことに自負があります。

こんな活動は一人では到底成し得なかったわけです。多くの同僚、部下、そして社外の協力者、友人のお蔭だと改めて思い知りました。時には我儘な私をナンバーツーとして生かしていただいたナンバーワンの包容力に頭が下がります。

私は自分の人生をよく「ゾロ目の人生」と言いながら、その節目を大事にしてきました。11歳で終戦、22歳で社会人、44歳で全日空グループ入り、66歳で経営塾の塾長となり、出版記念の今年が昭和88年で、私は傘寿を迎えます。

この歳で有能な若い業界人と語り、呑みながら歓談できる自分は幸せ者です。

半世紀前の三田新聞では「趣味を活かす部門」だった旅行・観光産業は、日銀によって成長戦略産業の一つに指定されました。これを確固たるインダストリーとし、社会から愛される21世紀の基幹産業にする同志の「i」への不断の努力を信じてやみません。

今日までお世話になったお方の名前は書ききれません。本書は多くの同志や、岩《ガン》ちゃんの軌跡でもあると言う為にお許しを得て、塾のメールマガジンに毎週火曜日に掲載している私のコラムから一つ紹介します。文中に出てくる「岩ちゃん」こと故岩井正君は、私と近畿日本ツーリスト、全日空ワールドで33年間を共に行動した同志です。座席仕入れ、販売の達人です。社内外の誰からも信頼され、その性格を愛された快男子でした。２０００年（平成12年）６月に心筋梗塞で一夜にして急死したかけがえのない友人です。

「赤トンボが来た」

朝、久しぶりに庭に出ました。妻が「肩に赤トンボがとまってるよ」と声をかけてくれました。岩ちゃんだと直ぐにわかりました。最近では珍しくなった尻尾が真っ赤なトンボでした。

岩ちゃんとは十年前に、一夜にして急死した、かけがえのない友人・同志のことです。週末に私の喜寿を祝う会があります。生きていたら、きっと自分の事のように喜んでくれると思います。赤トンボはしばらく私の傍から離れないで、右や左に止まっては真っ赤な尻尾をピクピク動かしてくれました。

思いは通じる。岩ちゃんは今でも私の傍に居てくれていると、確信できた嬉しい「そのとき」でした。私が庭から離れて部屋に戻ったら、赤トンボも何処かに飛んで行ったようです。会の当日、私は岩ちゃんの写真を持っていきます。

（「旅行産業経営塾」メールマガジン・2010年10月掲載）

ある友人が「ガクさんはいい星の下に生まれていて、いい人に恵まれているよ」と言ってくれたことがあります。今、その言葉をかみしめています。KNT、ハローワールド、全日空ワールドの面々、全日空を筆頭に、親しい航空会社、ホテル、海外オペレーターの方々、そして行政の考え方を教えていただいた方に感謝しています。また、個人的に参加している虎飲会、東京姉水会、FF会、神奈川フォーラム、ゆうクラブ、86花想会、36会、5963会、31年経済B組会、旅行三田会、アビコム会、神棒会、九州・善明会等、多くの仲間に感謝しきりです。最近、アメリカSherAna会の友人達と十数年ぶりに再会したハワイの風景はとても印象的でした。半世紀前にKNTのハワイ島のタリフを作成するときに訪れたワイキキとは全く別に見えました。内外を問わず、友情は不変です。

本文中での不適切な表現があったとしても、ライターの高橋さんのせいでなく、全て話をした私の責任です。ご寛容下さい。また、会社経営、JATAの役職で多忙を極めている中で、出版のために多くの時間を割いてくださった原優二氏に深甚の敬意を表します。塾のメールマガジンに延べ3000回以上「今日の一言」を掲載している柳田正弘さんをはじめ、旅行産業経営塾OB会の皆さんに深く感謝します。

また、私にとって歴代の上司、KNT故馬場勇副社長、ハローワールド社長の故小尾帀雄先生、全日空ワールド藤原亨一社長、春日功社長のご指導とご寛大に感謝いたします。
「旅は人を元気にする、ゆたかにする、そして、生き生きとさせる」。そんな旅行産業に愛と誇りをもって、亡き両親に私の初給料袋の代わりとして、本書を捧げたいと思います。

2013年2月16日

旅行産業経営塾　塾長　山田學

旅行産業経営塾の紹介

1999年、学校法人森谷学園（現在の学校法人トラベルジャーナル学園）によって「旅行産業を担う次世代の志高き骨太の人材を育成し、旅行産業ならびに広く社会に貢献する」という目的で設立される。

開塾から5期、5年に亘り、大手から中小旅行会社の経営管理者、そして経営者、更には、観光産業に関連す各分野の企業を対象に、毎年30～50名ほどの塾生を集め、総勢200余名の卒塾生を輩出した。（第一次経営塾）

その後、6年間休塾したが、2010年、OB会によって再開され（第二次経営塾）、2013年3月現在、再開3年目、通次で8年、8期を迎え卒塾生の数は、300名を超えた。

塾生は、第一次では年間24回、第二次では14回の授業を受ける。授業は、月1回ないしは2回土曜日の10時から午後の3時過ぎまで。講師は、旅行業界内の経験豊富な経営者の方々や、他業界、弁護士、大学教授、地域振興に携わる方など多方面から招く。

毎回、最初に90分の講師の授業を受け、その後、講師から出された討論テーマをグループで話し合い、午後、発表して講評を受けるという形式で行われる。入塾直後には、一泊の合宿授業もあり、忙しい旅行産業の仕事との両立にはなかなか厳しい条件であり、さらに、70%以上の出席と卒業論文の提出が卒業の条件だが、しかし、それでも毎期80%以上が卒業。

塾生は、授業内の討論はもちろんのこと、酒席も含めて課外授業も盛んで、3時に授業が終わってもその後の方が長いという塾生も多く見らるほど。今まで知らなかった考え方に触れ、自分の仕事、会社が、この産業でどんな位置にあるかが分かり、将来自分は、そしてこの産業はどうあるべきなのかを考えていく。安直な答えは、塾では教えない。

開塾当初から、塾長を務めるのが山田學。「学校ではダメなんだ、塾でなきゃあダメなんだ。知識修得は目的じゃあない。ものの見方、考え方、決め方を学んでほしい」という塾長の思いがこの塾では実践されてきた。

書名 ———————— 旅は人に生きる喜びを与えるものです
副書名 ——————— 塾長・山田學の物語
編者 ———————— 旅行産業経営塾
構成・文 —————— 高橋久未子
編集 ———————— 鈴木明日香、那須ゆかり
本文・カバーデザイン —— 山田信也
カバーイラスト ———— 笹森 識
発行 ———————— 2013年4月20日［第一版第一刷］
希望小売価格 ———— 1,200円+税
発行所 ——————— ポット出版
150-0001 東京都渋谷区神宮前2-33-18#303
電話 03-3478-1774 ファックス 03-3402-5558
ウェブサイト http://www.pot.co.jp/
電子メールアドレス books@pot.co.jp
郵便振替口座 00110-7-21168 ポット出版
印刷・製本 ————— シナノ印刷株式会社
ISBN978-4-7808-0196-5 C0026

Tabi wa hito ni ikiru yorokobi wo ataeru monodesu
by Ryokou Sangyou Keieijuku
Writer: TAKAHASHI Kumiko
Cover Illustraiton: SASAMORI Shiki
Editor:SUZUKI Asuka, NASU Yukari
Designer:YAMADA Shinya

First published in
Tokyo Japan, April 20, 2013
by Pot Pub. Co. Ltd

#303 2-33-18 Jingumae Shibuya-ku
Tokyo, 150-0001 JAPAN
E-Mail: books@pot.co.jp
http://www.pot.co.jp/
Postal transfer: 00110-7-21168
ISBN978-4-7808-0196-5 C0026

【書誌情報】
書籍DB●刊行情報
1 データ区分——1
2 ISBN——978-4-7808-0196-5
3 分類コード——0026
4 書名——旅は人に生きる喜びを与えるものです
5 書名ヨミ——タビハヒトニイキルヨロコビヲアタエルモノデス
7 副書名——塾長・山田學の物語
13 著者名1——旅行産業経営塾
14 種類1——編
15 著者名1読み——リョコウサンギョウケイエイジュク
22 出版年月——201304
23 書店発売日——20130420
24 判型——4-6
25 ページ数——192
27 本体価格——1200
33 出版者——ポット出版
39 取引コード——3795

本文●ラフクリーム琥珀N・四六判・Y・71.5kg（0.130）／スミ（マットインク）
折り込み●雷鳥コート・四六判・Y・90kg／4C　口絵●雷鳥コート・四六判・Y・73kg／4C
見返し●マーメイド・つゆ・四六判・Y・110kg
表紙●アラベール・ホワイト・四六判・Y・200kg／TOYO 10442
カバー・帯●マーメイド・スノーホワイト・四六判・Y・115kg／TOYO 10098+TOYO 10385+スリーエイトブラック／グロスPP
組版アプリケーション●InDesign CS4
使用書体●イワタ中明朝オールド+ITC Garamond　游ゴシック体　Frutiger　ITC Garamond　Rotis Sans Serif
2013-0101-3.0